日本史を疑え

本郷和人

文春新書

1360

日本史を疑え◎目次

第二章　古代　51

第一章　日本史を疑ってみよう

? 日本史は何の役に立つのか

私は長年、日本史を研究してきましたが、その間ずっと頭を悩ませてきた問いがあります。それは一言でいえば「日本史は何の役に立つのか」という問いです。多くの人は学校で「日本史」の授業を受けたと思いますが、しばしば「年号や人名や歴史用語と、とにかく暗記しなければならないことばかりで退屈だった」という声を耳にするたび、あーあ、伝わっていないなあ、と思うのです。たしかに歴史は過去に起きた出来事、史実の集積でもありますから、もうすでに起きてしまった過去は変わらない、教科書に書いてあることを覚えるだけ、と思われがちです。

しかし、本当にそうでしょうか？ 歴史とはすでに確定してしまった「事実」を覚えるだけのものなのか。研究者としての私の実感は大きく異なります。日本史は、まだわかっていないことだらけの「未知を相手にする学問」です。たとえば「一五九八年に豊臣秀吉が死んだ」。これは多くの史料によって確認可能な、動かしようのない「史実」です。しかし、たとえば秀吉が自分の死後、どんな体制を考えていたのか、といった「意味」についてはわからないことばかりです。もし秀吉が豊臣家の支配を永続させたいのであれば、朝鮮出兵などせず、最大のライバルである徳川家康を潰すことに全力を傾けるべきだったでしょう。しかし、そうしなかった。何故か？　それは「史料に書かれている」のではなく、「残された史料をもとに考える」ほかないのです（この「秀吉はなぜ家康を排除しなかったのか」については、後の章で考察したいと思います）。

歴史の流れを考える

ある出来事はなぜ起きたのか？　それは後世にどのような影響を与えたのか？　これは「史実を知る」だけではわかりません。「歴史の流れを考える」必要があります。そして、「考える」ためには「疑う」必要があります。

特に歴史を疑い、考えることが必要になるのは、時代の変化を説明するときです。たとえば江戸幕府はなぜ滅びたのか？　これを説明するには、史実という「点」だけではなく、歴史の流れという「線」を引き、さらには社会の変化という「面」を捉える必要があるのです。

もうひとつ、本書で取り上げる問いを予告しておきましょう。それは「弱いはずの南朝はなぜ五十年以上も存在できたのか?」。鎌倉幕府が倒れ、室町幕府が成立する時期、朝廷は足利政権が擁立する北朝と、後醍醐天皇の流れを受け継ぐ南朝に分かれます。世にいう南北朝時代ですが、南朝側が抗戦できたのはせいぜい二、三年で、あとは北朝＝足利政権との実力差は開く一方でした。ところがこの南北朝時代はその後も五十年以上続いたのです。それは何故なのか?

もちろん、教科書や歴史書を開くと、こうした問いについての「答え」も記されています。日本史は長い伝統を持つ学問ですから、研究の蓄積によって築かれた「定説」があります。数多くの検証に耐え、いまも高い説明能力を持ち続けている「定説」は少なくありません。

しかし、「定説＝正解」とは限りません。「定説」はしばしば変わります。新しい史料や遺跡など「定説を覆す証拠」が発見されることもありますが、それだけではありません。「歴史の見方＝解釈」が変わるからです。たとえば戦前には天皇を中心とした「皇国史観」が誰も異を唱えられない「定説」でした。また戦後には、マルクス主義をベースにした「唯物史観」が大きな影響力を持ちました。私たちは多かれ少なかれ、その時代の「史観」を通して、歴史を理解しようとしています。しかし、「本当にそうだろうか?」という問いを持ち続け、自分の頭で考えることが重要なのです。「定説」を疑う一方で、「定説を覆す最新の研究」も鵜呑みにはできません。その「最新学説」が論拠としているものは何か、それはどこまで説明能力を持つものかを吟味する必要があります。

　こうした「歴史の流れ」を考えることは、実は、私たちがいま生きている世界を考えることにもつながります。事実という「点」をもとに、変化の流れを描き、それがどのような影響を及ぼすかを考える。そうした知的トレーニングにおいても、日本史は格好のレッスンの場になるはずです。

? 歴史用語を疑え　頼朝は自分が「幕府を開いた」と思っていなかった？

そもそも私たちが使っている歴史用語。その多くは後世に作られた、いわば「歴史の解釈」のかたまりのようなものです。たとえば「貴族」もそうです。朝廷にかかわる人々のうち、三位以上が「貴」と呼ばれました。貴人の「貴」です。それにつづく、四位と五位は「通貴」。「貴に通じる」という意味です。ここまでがいわゆる「殿上人《てんじょうびと》」です。天皇は京都にある御所の清涼殿で暮らしていました。その清涼殿にある殿上間《てんじょうのま》に昇殿できたのが「殿上人」であり、朝廷の主要メンバーでした。三位以上の位階をあらわす「公卿《くぎょう》」や、家格をあらわす「摂関家」「清華家《せいがけ》」「羽林家《うりんけ》」「名家《めいか》」という言葉は、当時も使われていましたが、「貴族」という言葉は使われていませんでした。

私は朝廷の権力構造を分析する際には、羽林家以上で、近代でいえば行政官、政治家にあたる役割を果たす人々を「上級貴族」、実務を担当した名家クラスを「中級実務貴族」、殿上にのぼることのない六位以下の地下人《じげにん》を「下級官人」と呼びました。勝手に歴史用語を増やしてしまってすみません。ちなみに平安時代の古文書、古記録に六位以下はほとんど出てきません。平氏、源氏などの武家は、もともとはこの地下人でした。

また、以前、「鎌倉幕府という呼び名は、当時、使われていなかった」と書いて、驚かれたこともありました。もともと「幕府」は陣幕、大幕の「幕」と、役所をあらわす「府」をあわせた言葉です。これが、武士による政権をまとめて捉える言葉として用いられたのは江戸時代になってからのことでした。

たとえば足利政権の基本方針を示したとされる「建武式目」を見てみましょう。その冒頭は「鎌倉もとの如く柳営《りゅうえい》たるべきか、他所たるべきや否やの事」、つまり北条氏滅亡後、もとどおり鎌倉に幕府を置くべきか他に移すべきか、というものですが、ここでは「柳営」という言葉が使われています。これは中国の故事に基づくもので、「将軍のいる場所」をあらわしています。江戸末期に幕府の役人たちの任免記録がまとめられましたが、そのタイトルも『柳営補任《ぶにん》』でした。だから、源頼朝も足利尊氏も自分たちが「幕府を開いた」とは考えていなかったのです。

このように、歴史には後世の解釈が多分に込められており、当時の人たちがそう思っていたものとはズレがあります。これを見極めるのも歴史学者の大事な仕事です。

あわてて付け加えますと、私は「幕府という言葉はインチキだから使わないようにしよう」と言いたいわけではありません。現に本書でも「幕府」は頻出します。この言葉を用いることは、源氏、足利氏、徳川氏が開いた政権を、「武士による政権」として捉えるには非常に有効だと考えています。

ただ、その一方、のちにも述べるように、鎌倉幕府と江戸幕府では、成り立ちも構造もまるで違うのですが、同じ「幕府」とくくられることで、その違いが見えにくくなっていることには注意が必要だと思うのです。

？「史実」とは何か　史料の使い方、疑い方

私は東京大学の史料編纂所に勤務しています。そこでの主な仕事は、一二二一年から一三三三年の史料をきちんと読んで、『大日本史料』第五編に活字の形で残していくことです。こうした史料なしには、日本史は成り立ちません。

日本は世界的にみても史料が最も多く残されている国だとされています。しかし、当然ながら、歴史上に起きたすべての出来事の記録が残されているわけではありません。

まずひとつには、物理的な問題があります。他の国々と比較すると、日本は外国勢力による侵略の経験はほとんどありませんが、それでも多くの災害や戦乱などにより、焼失してしまった史料は少なくありません。近代以前、寺社は知の中心地のひとつであり、多くの史料を蔵していましたが、その一方で、大きな寺社はしばしば武力衝突の当事者ともなりました。たとえば比叡山延暦寺です。織田信長による焼き討ちは有名ですが、それ以前にも、室町幕府の六代将軍足利義教《よしのり》と対立し、根本中堂をはじめいくつかの寺院が全焼、本尊も焼失しています。歴史学者の不謹慎なジョークに「信長のおかげで読まなくてはい

けない史料が減って助かった」というものがあるほど、膨大な史料が失われたと推定されています。

次に記録者の問題があります。どの時代でも、記録を残している人は限られています。たとえば平安時代ならば、記録を残しているのは朝廷を中心とする貴族か僧侶がほとんどで、東国の農民が残した日記などは存在しません。当然、貴族の日記には、彼らの関心事、彼らが触れ得た情報だけが記されています。

史料に書かれていないこと

そして、最後に、内容の問題です。これも当たり前のことですが、史料には後世の人間が知りたいことがすべて書かれているわけではありません。歴史上の機微に関わること、つまりトップシークレットほど、記録には残さない、残らないものだと考えたほうがいいでしょう。これは陰謀史観でもなんでもなく、昔も今も情報に関わる際には、必ず頭に置いておく必要があると思います。

史料はどこまで信じたらよいのか。そこで私がよく挙げる例が、「将軍をくじで決めた話」です。

一四二八年、室町幕府の四代将軍足利義持《よしもち》が重い病となります。このとき五代将軍義量《よしかず》はすでに早世しており、義持が再び幕政を執っていました。ところが死の床の義持は重臣たちに後継者について聞かれても、「お前たちが決めよ」と言うばかり。そこで管領の畠山満家をはじめとする重臣たちは、なんとくじ引きで次期将軍を決めることにしたのです。

候補となったのは、義持の弟四人で、いずれも僧籍にありました。天台宗の梶井（三千院）門跡の義承《ぎしょう》、同じく天台宗の青蓮院門跡の義円《ぎえん》、真言宗の大覚寺門跡の義昭《ぎしょう》、臨済宗・相国寺の虎山永隆《えいりゅう》の名前を記した四本のくじが作られ、畠山満家が石清水八幡宮の社頭でそれを引きます。そして翌日、義持の他界を受けて、開封。そこに記されていたのは「義円」の名前でした。それが先にも登場した六代将軍義教となるのです。

しかし、ここで私は素朴な疑問を持ちました。次期将軍という重大事をくじまかせにするだろうか、と。特に管領をはじめとする重臣にとっては、自らの今後とも関わる切実きわまりない人事だったはずです。四人のうち、誰が将軍になるのが一番都合がいいかを考えない、などということがあり得るのだろうか。

そもそも義円こと義教は将軍就任にきわめて前向きでした。後継者と決するや、直ちに政務を掌握しようとしますが、元服前に出家していたため、せめて髪が生えそろって元服の儀式を済ませるまで待て、と武家伝奏（朝廷と幕府の連絡役。朝廷でも重職だった）の万里《まで》小路《のこうじ》時房にたしなめられたほどです。

管領・畠山満家の要請でくじを作成したのは、当時の幕府の政治顧問ともいうべき真言宗・醍醐寺三宝院の満済《まんさい》という高僧でした。満済と畠山満家とはかねてから政治的な協調関係を築いていました。とすると、満済が四本のくじをすべて「義円」としてしまえば、八百長は簡単に成立します。しかも、そこに、実際にくじを引く管領との密約が成り立っていた可能性も高いのではないか。

また満済の日記、『満済准后日記《じゅごうにっき》』には将軍就任以前から義円の記述が少なくなく、義円が満済に祈禱を依頼した書状も残されています。義昭はそこそこ登場しますが、あとの二人はほとんど登場していません。

さらに、義教の将軍就任後、満済は太皇太后・皇太后・皇后の三人に次いで尊貴であることを意味する「准三后」の待遇を得て、将軍のアドバイザー役も務めるようになります。

「日記」はプライベートなものではなかった

そこで、私は「将軍を決めるくじ引きは事前の取り決めがあった八百長ではないか」という見解を論文に記したのですが、〈第一級の史料に『石清水社の社頭で厳かに引いたくじを開封したら、義円の名が記されていた』と明記されている。それを疑うならば、もはや実証史学とはいえない〉という批判を受けました。

ここにいう第一級の史料とはまさしく『満済准后日記』のことです。これが室町時代、とくに政治史を勉強する研究者は必ず読まねばならぬ根本史料、基礎資料であることは間違いありません。しかし、日記には本当に真実だけを記すものでしょうか。

ここで考えなくてはならないのは、中世の日記は、現代の日記とは違う、ということです。現代の日記は、発表を前提にした作家や政治家などの日記はさておくとして、まず第一義には、自分だけが読むプライベートなものでしょう。

ところが、中世においては、日記とは人に読ませるためのものでした。その「読者」とは、書き手の子孫です。史料学的には日記は古記録といいます。そもそも平安貴族は煩雑な儀式のやり方や行事の手順を子孫に伝えるために、日記というかたちで、記録を残しました。儀式を重んじた貴族社会では、大げさに言うと、右足から出すか、左足から出すかを間違えることが昇進にも響きかねない重大事でした。貴族の日記とは、そうした細々した前例の集積であり、その家の知的財産だったのです。

三宝院満済の日記にも同じことがいえると思います。満済は三宝院の後継者として、足利将軍家から義賢という人物（義教の従弟）を迎えていました。後世の三宝院主をはじめ、醍醐寺の高僧などが読む可能性を想定して、日記を書いているのです。

だから研究者は史料について、「それはどういう意図で記されたか」を絶えず考えながら読んでいかねばなりません。これが私の考える「史料を疑う」ということです。

そこで次に浮かぶのは、なぜ満済たちはくじを作る必要があったのか、という問いでしょう。まず考えられるのは、将軍の後継を決められるのは、原則として将軍かその委任を受けた者だけだ、ということです。また、選ばれなかった人たちに、「これは八幡様の神意だ」と説得するための道具立てが必要だった、ということも考えられるでしょう。事実、このとき選ばれなかった大覚寺の義昭は、のちに謀反し、自害に追い込まれています。

史料が一級であることと、そこに「真実」がすべて書かれていることはイコールではありません。満済は日記に〝嘘〟を書いたわけではない。しかし「意図的に書かなかった」ことは十分にあり得ると思うのです。

? 日本史は何で出来ているか　古文書、古記録と歴史書の違い

私たちは歴史を研究する場合、紙に書かれた文字資料を主なエビデンスとしています。これがいわゆる「史料」です。

さきほど『満済准后日記』について、「第一級の史料」という表現が出てきました。史料学では、「一次史料」、「二次史料」という呼称がなされています。

史料において重要なのは、「いつ」「どこで」「誰が」書いたか。リアルタイムに、現場で、当人が書いたものほど史料価値は高いとされます。そうした一次史料と呼ばれるものには、大きく分けて「古文書」と「古記録」があります。

古文書とは、基本的に、特定の誰かに何かを伝えるために書かれた文書のことです。最も多いのは手紙で、日付や誰から誰に送られたものかなどが特定されていることが多く、史料価値が高いのです。ほかには天皇の発する詔書や勅旨《ちょくし》、将軍が所領安堵のとき渡す下《くだし》文《ぶみ》や下《げ》知状《ちじょう》、律令や御成敗式目などに代表される法令や、訴訟などで提出された書類、そして相続に関する譲状《ゆずりじょう》、売買を記した売券、借用状といった証文がこれにあたります。

古記録は、日記や備忘録です。前にも述べたように、史料としての日記の多くは、個人的な記録ではなく、読者を想定したものですが、読み手が特定されていない点が古文書との違いになります。天皇の日記として最も古いものは、平安期の宇多《うだ》天皇の『寛平御記《かんぴょうぎょき》』ですが、原本は現存していません。ただ後にこの日記を読んだ人が、自分の書き物に引用する、という形で残されています。宇多、醍醐、村上の三代の天皇の日記から、引用されて後世に残ったものを集めたのが『三代御記』で、江戸時代に編纂されました。鎌倉時代の天皇では、歴代きっての思索家とされる花園天皇の日記（『花園天皇宸記《しんき》』）が有名で、三十五巻が現存しています。

上級貴族の日記では、藤原道長の『御《み》堂《どう》関白記』をはじめ、右大臣となった藤原実資《さねすけ》の『小右記《しょうゆうき》』、権大納言・藤原行成の『権記《ごんき》』などが有名です。また中級実務貴族の日記からは、当時の儀式などの詳細がわかります。

それに対して、一次史料である古文書や古記録などをもとに編集された歴史書などは、二次史料となります。一次史料に比べると、二次史料は信頼性がやや落ちます。リアルタイムではなく、後世に編集されたものであること、その際に編集する側の意図が入ってくるからです。

朝廷が編纂した正史は、『日本書紀』（神代から持統天皇まで）、『続日本紀』（文武《もんむ》から桓武まで）、『日本後紀』（桓武から淳和《じゅんな》まで）、『続日本後紀』（仁明《にんみょう》）、『日本文徳《もんとく》天皇実録』（文徳）、『日本三代実録』（清和《せいわ》、陽成《ようぜい》、光孝）まで作られ、「六国史《りっこくし》」と総称されています。最後の『日本三代実録』は宇多天皇の命ではじまり、菅原道真が編纂に携わりました。

それに対し、朝廷による正史ではありませんが、平安時代から室町時代にかけて「四鏡」と数えられる史書がつくられています。平安期に書かれた『大鏡』は二人の老人が語り合う形式で、藤原家の本流となった北家の栄華を語ります。そして『今鏡』『水鏡』と続いて、時代が飛んで、南北朝時代に後鳥羽から後醍醐までの治世をたどる『増鏡』となります。

また、鎌倉幕府によって編まれたのが『吾妻鏡』です。これは鎌倉時代も末期になり、北条貞時が執権の時代に成立したもので、いわば北条氏の正史ともいえる内容です。当然、編纂者の意図を考えながら読む必要がありますが、北条氏にとって都合の悪いことも書かれており、鎌倉時代の基本資料の一つであることは間違いないでしょう。

日本は古文書、古記録がたくさん残っているおかげで、より信頼できる史料をもとに歴史書のウソを指摘することができます。そして、歴史書がなぜ事実とは違う記述をしているのか、ということ自体が考察の対象となります。

さらに、『平家物語』や『太平記』といった軍記物語、歴史物語があります。もちろん、これらは基本的には「物語」で、その記述をそのまま史実として受け取ることはできませんが、『曾我物語』のように当時の状況をよく伝えていると評価できるものも少なくありません。少なくとも、後世による「歴史解釈」のひとつとみることはできるでしょう。先に挙げた、いわゆる「四鏡」や平安時代、宮廷の女性によって書かれたとされる『栄花物語』、さらに南北朝時代を描いた『梅松論』などは歴史書と歴史物語の中間的な存在と言っていいかもしれません。

物語の力を侮ってはいけません。史実に基づくかどうかはともかく、後世の歴史観に与える影響は大きなものがあります。たとえば「水戸黄門」こと徳川光圀《みつくに》は『太平記』の愛読者でした。光圀は『大日本史』を編纂する前に、あちこちに伝わってきた『太平記』を比較検討し、さらには別の史料とも突き合せて、『参考太平記』を作り、『大日本史』の資料としたほどです。皇室に忠義を捧げ、南朝こそ正統とする水戸学のルーツのひとつは『太平記』だった。それが幕末に歴史を動かすイデオロギーとなっていったのです。

? 真の差出人は誰だ　古文書の読み方の基本

古文書、古記録はただ文字通りに読んだだけでは、正解に至らないこともあります。ここでは、その読み方の一例を示したいと思います。

いま残っている古文書のうち、朝廷や幕府の公式な文書は、身分が高い人から低い人へ出す「下達文書」が多くを占めており、身分が低い人から高い人に出した「上中文書」はごくわずかです。

そこで大事なのは、「誰が真の差出人か」ということです。

たとえば、将軍になったあとの源頼朝が御家人Aに何かを伝えたいとき、頼朝から直接A宛の文書を出すことはありません。政所《まんどころ》という役所に命じ、担当Bが「頼朝様の仰せによりて……」と伝令の形をとって、Aに伝えます。

すると、文書に記されている差出人はBで、本当の差出人は頼朝ということになります。真の差出人が誰かを読み解くには、文書の形式を理解する必要があります。たとえば「将軍家政所下す」と書かれていれば、将軍の意向を政所が伝えた文書だなとわかるのです。

古文書のなかには、AがBに命じ、さらにCが文書を書くといったように、差出人が三人以上いるややこしいものもあります。

こんなケースもあります。A、Bがともに高位だったり実力者だったりした場合、AがBにあてて自分で手紙を書くことはまずありませんでした。Aはまず自分の家来Cに「Bにこういうことを伝えてくれ」と命じます。命じられたCも、Bあてに書くわけではありません。Bの家来で自分と同格くらいのDに「うちのボスがこんなことを言っています」と手紙を書くのです。

その手紙を受け取ったDは、自分のボスのBに「Aさんのところからこんな手紙がきました」と伝えます。そうしてAとBの間で、手紙がやり取りされていくのです。

これを手紙に書かれた差出人と受取人だけをみて、「CからDへの手紙だ」と読んでしまうと、読解を誤ります。

個人的な手紙のように見えて、実質的には公文書というものも存在します。平安後期から室町時代にかけて書かれた「御教書《みぎょうしょ》」です。主に三位以上の上級貴族に仕える家司《けいし》《いえのつかさ》が、ある人に向けて「うちのボスがこんなことを言ってますよ」と主の意思を伝えた文書のことです。一見すると私信のようでいて、実質的には偉い人からのお達しだった、というものです。誰が本当の差出人かは、当時の社会構造を理解したうえで、内容を吟味しなくてはわかりません。

これは、現代の会社にたとえると理解しやすいかもしれません。A社の社長がB社との提携を考えている。そのとき、A社の社長から部長を経て、担当課長Cさんに話がおりていきます。Cさんはカウンターパートである B社の課長Dさんにメールを送って、この話を進めました。このときメールの宛名だけを見て、「A社とB社の提携は、両社の課長のCとDとの間で提案された」と考えてしまっては大間違いになります。会社のしくみがわかっていたら、課長に提携を決める権限がないことがわかりますが、古文書の読解においては、こうした凡ミスがときどき起きるのです。

? こんなところにも「歴史解釈」が

時代の名前は意外に大事

「鎌倉時代に承久の乱が起きた」、「江戸時代は二百六十年あまり続いた」という場合の、○○時代。これももちろん後世の人が考えたものです。その時代を何と呼ぶかは、それ自体に歴史の解釈が入っています。

古い順から、飛鳥・奈良・平安・鎌倉・室町・安土桃山・江戸とたどっていくと、ひとつのルールが見えてきます。それは地名に由来していること。当たり前じゃないかという声も聞こえてきますが、たとえばイギリスの歴史を考えてください。ウェセックス朝・デーン朝・ノルマン朝・プランタジネット朝・ランカスター朝・ヨーク朝・テューダー朝・ステュアート朝・ハノーヴァー朝・ウィンザー朝と、王朝名で時代を区分することが多い。秦・漢・隋・唐・宋・元・明・清といった中国の時代区分も、王朝が名乗った国号によるものです。洛陽時代とか北京時代とは言いません。

日本の場合、もし王朝名だとすると、建前上、ずっと天皇時代ということになってしまいます。さらにいえば、朝廷の場所＝都でもありません。「飛鳥時代→奈良時代→京都時代↓東京時代」となってしまいます。

　もう少し踏み込んで考えてみましょう。これらの時代の名称が出来上がったのは明治時代です。幕府の支配が終わって、天皇を中心とする国づくりが始められた時期でしたが、時代の名前に採用したのは、源氏・北条氏が政権を置いた鎌倉、足利将軍家の拠点室町、信長の安土、秀吉の桃山を経て、徳川の江戸と、いずれも武士の政権があった場所でした。つまり、「誰がその時代の支配者だったか、誰が時代の変化を主導したか」を考え、その政権の移動を時代の画期とみなしたわけです。万世一系という建前に対して、実際の権力はどこにあったかというリアルな歴史認識を示しているといえます。

　明治の先生たちは非常に学が深かったので、時代のネーミングもなかなかおしゃれです。たとえば、安土桃山時代。これも政権がある場所からとったもので、織田信長の居城があった安土はいいとして、豊臣秀吉の居城は京都の伏見城。そこを伏見の美称である桃山とひとひねりしています。京都といわず、あえて三代目の足利義満の居宅があった室町としたのも、この時代こそが足利政権の完成形であるという思いが込められているのでしょう。

? 時代の変わり目をどこで見るか

奈良時代、平安時代、鎌倉時代といった時代区分が確定したのはいつか？　実は定かではありません。長い年月をかけて、なんとなく決まったものだと考えていいでしょう。そのなかで、大きな影響力があったと思うのは、江戸中期の新井白石による「天下九変五変説」です。

新井白石は朱子学、歴史学、地理学など多分野の学問に通じ、六代将軍徳川家宣《いえのぶ》の幕政を支えた政治家でもありました。白石は著書『読史《とくし》余《よ》論《ろん》』で、朝廷で九回、武士の世になって五回の大きな変化があったと説きました。

まず「九変」として、

・藤原良房の摂政就任（天皇家以外からの初の摂政就任）
・藤原基経の関白就任（陽成天皇を廃位、光孝天皇を立てる）
・冷泉天皇の時代の外戚、藤原氏の専横
・後三条、白河両天皇による親政

・白河上皇による院政
・後白河上皇、鎌倉と天下兵馬の権を分かつ
・後堀河天皇時代の北条氏の支配確立（承久の乱）
・後醍醐天皇による建武の新政
・足利尊氏による光明天皇立位（三種の神器なし、武士主導による天皇の即位）

つまり、天皇と政治の実権との距離を、ひとつの変化の尺度としたのです。

そして武士の世の「五変」としては、

・鎌倉幕府成立
・承久の乱（北条執権による支配の確立）
・室町幕府の開設
・織田豊臣政権
・当代（江戸幕府）

の五つの画期を挙げています。一部の時期が重なっていますが、日本史上最大の画期は、朝廷から武士に政権が移ったことだ、というのが白石の認識でした。

白石は、後醍醐天皇が足利尊氏との戦いに敗れ、一三三六年に奈良の吉野に南朝を開い

たときに、中国で皇帝が都から逃げ出すことを指す「天子《てんし》蒙塵《もうじん》」という言葉を使い、京都を捨てた時点で、天皇と朝廷の時代は終わった、としました。

一方、逆に南朝を支持した徳川光圀も、実は新井白石と同じように、後醍醐天皇が吉野に移ったあとに武士の時代になったと考えていました。これは戦後の江戸思想史の大家だった尾藤正英先生が唱えた説ですが、光圀が編纂させた『大日本史』は、足利尊氏が逆賊で、後醍醐天皇の南朝が正統だと主張している一方で、南北朝の合一で南朝が消えた時点で、朝廷は正統性を失ったとみなしている、というのです。光圀にとって、その後も続く北朝の天皇家は偽物に過ぎず、日本を統べる正統性は武士に移った、とする尾藤説は、尊王家・光圀のイメージを根底から覆すものでしたが、その後も、近世史の学界で反論、肯定論ふくめ、この尾藤説に対して、正面切っての議論がなされたとは寡聞にして知りません。

？日本史の流れを押さえる四つの視点

では、ここで私なりに、日本史の変化を押さえるための四つの視点を挙げておきたいと思います。そして、この四つの視点を使って、古代（飛鳥・奈良）、平安、鎌倉、室町、戦国、江戸の時系列に沿って、この国の変化を見ていきたいと思います。

その四つの視点とは、

・どこまでが日本か――地理的枠組みの変化
・外圧とグローバル性――国際環境と安全保障上の脅威
・メインプレイヤーは誰か――天皇、貴族、武士、そして農民、町人へ。経済の発展と統治の広がり
・実力か世襲か――実力重視の時代と世襲優位の時代。それぞれのメリットとデメリット

以下、ひとつひとつの視点を提示しながら、それぞれの時代で具体的に取り上げるテーマを、いわば予告編的に紹介したいと思います。

？「この国のかたち」は時代によって変わる

私たちは、日本は島国であり、本州を中心とする列島が「ひとつの国」であると、ふだん疑っていません。しかし、日本史、特に私の専門である中世史を学べば学ぶほど、「中世において、日本には統一された国家があった」という想定には、無理があるように思えます。私の考えでは、日本列島がひとつの国といえるようになったのは、せいぜい一五九〇年、豊臣秀吉による奥州平定が完了した時点であり、まだ四百年あまりしか経っていないのです。

では、それまではどうだったのか？　古代の朝廷は、全国に国衙《こくが》（いまでいえば県庁）を設置し、国分寺・国分尼寺を置くなど、律令体制のもと、日本全国を支配していた、と歴史の授業では習ったかもしれません。しかし、その実態はどうだったのか？　詳しくは後に述べますが、古代王朝は畿内—瀬戸内海—博多を核とする完全な西国国家でした。いわゆる東国は日本のフルメンバーとはいえない状態だったのです。

そして、鎌倉時代とは、その東国から独自の権力が形成され、西の朝廷と、ときに争い、ときに依存し、ときに支配するという複雑な関係を結んだ時代だといえます。この時期、日本というひとつの国家があったという思い込みは疑ったほうがいい。むしろ、朝廷、鎌倉幕府、そして奥州平泉政権を加えた三国状態だったと考えたほうが、実態に即しているというのが私の考えです。

東西分裂、地方の時代から天下統一へ

この東西の分裂状態は、実は室町幕府でも解消されませんでした。室町時代を貫く最大のテーマは「京都と関東、どちらに武士の拠点を置くべきか」。それは、幕府の創設者、足利尊氏とその最良のパートナーだった弟の直義《ただよし》の対立を生んだのみならず、最盛期である義満の時代には、ついに関東公方《くぼう》への権能の譲渡という形で、事実上の東国切り離しに至ります。そして、そこに生じた亀裂は、応仁の乱を経て、幕府の滅亡まで続きます。最初の戦国武将といわれる北条早雲が東国の伊豆の地に拠点を築いたのも、偶然ではありません。その背景には、室町期における東国の衰退と混乱があったのです。

そして戦国時代です。戦国時代は基本的に地方の時代です。中央たる京都が力を喪失し、甲斐、越後、駿河などの地域ごとに王が生まれた状況といえるでしょう。一方、九州や中

国地方では、列島をはみ出て、朝鮮半島や東南アジア、さらにはポルトガル、スペインとのつながりが視野に入ってきます。

そのなかで、日本統一を実現しようとしたのが、織田信長であり、それを引き継いだ豊臣秀吉だったと私は考えています。そして、京都、大坂を拠点とした織豊政権から、一転、江戸に政権基盤を置く徳川政権に移り、東国と西国のバランスをとることで、この国はようやく、私たちの知る「日本」のかたちをとるようになりました。この見通しが説得力を持つかどうかは、あとの章でのお楽しみ、ということで。

？外圧にも「レベル」がある

次に外圧について考えてみたいと思います。私はつねづね「日本の歴史はぬるい」と発言してきました。外から攻められることの少ない島国という環境のため、大きな変化に乏しく、すぐに前例踏襲や世襲の原理が幅を利かせる。政争にしても、相手を徹底的に叩き潰すまでに至ることは少なく、政権にとって相当に危険な人物でも流刑、島流しで済ませようとする（源頼朝や後醍醐天皇はその好例でしょう）。

この認識自体はいまも変わりませんが、本書ではもう少し踏み込んで考えてみたいと思います。では、「ぬるくない世界」とは何か？　個人であれば生命を失うこと、国であれば異民族による侵略でしょう。言葉も通じない、ルールも共有できない異民族に征服され、支配－被支配の絶対的な関係が続く――これが最悪の想定だと思いますが、お隣の中国では、これはしばしば現実のものとなりました。ヨーロッパもまた民族の衝突、国家間戦争の連続です。たとえば同じ島国のイギリスでも、十一世紀のノルマン人による征服などを経験している。ちなみにいまのウィンザー朝は、もともとドイツのザクセン＝コーブルク

＝ゴータ家で、第一次世界大戦のときにイギリス風に改名しています。

では、日本史において、外から征服されるという恐怖を感じたことはないのだろうか？

「日本史はぬるい」と言うけれど、時代によってかなりの温度差があるのではないか？

そう自説を疑ってみることにしたのです。

そこで出てきたのは、「日本史を外圧の強度で分類するとどうなるか」という問いでした。仮に外圧の警戒レベルを三つに分け、

ほぼ無風　　レベルⅠ

社会のあり方に多大な影響　レベルⅡ

国の存亡の危機　レベルⅢ

とするとどうなるか。

私がレベルⅢ、警戒度ＭＡＸに想定したのは、歴史上三回だけでした。ひとつは朝鮮半島に出兵して壊滅し、唐・新羅からの侵略の危機に直面した六六三年の白村江の戦い。そして二回目は、一八五四年の黒船来航です。ともに与えたインパクトは最大級で、日本は全面的なリニューアルを余儀なくされ、その影響は百年単位に及びました。ある意味で、現在の私たちも依然として「黒船ショック」以降の世界に生きているといってもいいでし

ょう。さらに三回目、いよいよ異民族による征服が実現してしまったのが、言うまでもなく一九四五年の敗戦でした。

レベルⅡといえるのは、白村江ショックから平安の始めあたりまでと、戦国期でしょうか。外圧レベルの高い状態は、言い換えると、国際化、外国文化が怒濤のように入り込んでくる時代でもあります。白村江後の対外姿勢を象徴するのは、律令の導入と遣唐使でしょう。また後述するように、戦国時代はⅡからⅢに向かう可能性がありました。たとえば西国を中心としたキリシタン大名の存在です。大友宗麟《そうりん》はキリスト教国を夢見ますし、長崎は、一時期、イエズス会に寄進されています。伴天連追放令を出す一方で、朝鮮出兵を企てアジアへの進出を志向した秀吉は、みずからⅢに向かったともいえます。それをⅡからⅠへ引き戻そうとしたのが家康であり、鎖国体制を敷いた徳川政権だった、というのが私の見立てです。

平清盛政権、室町幕府は貿易を重視しましたが、国家としての外圧に直面したというよりも、貨幣によって社会が動いた側面が強い。Ⅱ寄りのⅠといったところでしょうか。

では、世界最強のモンゴル帝国が押し寄せた蒙古襲来はどうなのか？　これは後ほど詳しく論じたいと思います。

? 日本の歴史は「プレイヤー」拡大の歴史

三番目に注目したいのは、人の問題です。誰が権力に参加しているか？　そして、権力者がどの層までを統治の対象として気にしているか？　これを変化の尺度として検討したい。

古代王権で、権力ゲームのプレイヤーといえるのは、まず王家（天皇家）であり、それを支える蘇我氏、物部《もののべ》氏に代表される畿内の豪族でしょう。歴史にはあまり記録が残りませんが、ヤマト王権とパートナー関係を結んだ地方の豪族層（在地首長）も、それに準じる存在だといえます。そこに渡来人や僧侶など、進んだ大陸の文化の担い手が加わります。

平安期になると、メインプレイヤーである貴族の関心はぐっと中央に集約されます。朝廷での出世、日々の儀礼など身過ぎ世過ぎが、彼らのほぼすべてとなっていく。その一方、半ば放置された東国で誕生したのが、のちに武士となる集団でした。中央で望む職にありつけず地方に流れてきた下級官人たちや、在地領主が、弱肉強食、自力救済の世界をサバイバルすることで力をつけてきます。その象徴的なケースが、関東八カ国で暴れまわった平将門でしょう。一方で、中央でも平氏、源氏といった武士たちは、貴族たちの権力闘争に加わる形で、その存在を際立たせていきます。ここにおいて、武士という新しいプレイヤーが、権力ゲームに参加するのです。

その東国武士たちがいよいよ自前の政権をつくったのが鎌倉幕府でした。東国武士たちは戦闘集団であると同時に、土地を経営して暮らしを立てる農業経営者の顔も持っています。平安貴族たちが問題にもしなかった、地方で農業生産に携わるグループが、無視できない存在となっていきます。承久の乱後、朝廷がさまざまなトラブルの面倒を見る「徳政」を志向したのも偶然ではないでしょう。彼らの視野に「民」が入ってきたのです。

農民、町人も歴史の担い手に

さらに貨幣経済が発展するにつれて、商人層の重要性が増していきます。室町幕府が京都に拠点を構え、商業活動からの税収を基盤とするようになる。それに続く戦国期では、堺や博多の商人たちが権力ゲームの行方を左右する存在となりました。秀吉の側近にまでのぼりつめた千利休は、そうした時代を代表する一人でしょう。さらには歴史上には名を残さない無名の農民、町人も重要なプレイヤーとなっていきます。彼らの支持を受けなければ、統治が成り立たないからです。経済の発展が、彼らの存在感を高めていったといえるでしょう。

これまでの歴史、特に政治史では、ともすればリーダーの個性や政策に光が当てられてきました。たとえば織田信長をみるときに、彼が革新的な人物だったか、そうではなかったかが議論の中心に据えられてきました。私はそこに疑いを差し挟もうと思います。本当に時代を動かすのは、リーダーの個性ではなく、そのリーダーが誰に支持されたかではないか、と。源頼朝が鎌倉幕府を樹立できたのは、彼の政治的個性もさることながら、東国の武士たちがそれを望んでいたからではないか。足利尊氏が後醍醐天皇に背いて、自前の武士政権をつくろうとしたのも、北条氏に代わる「よりましな幕府」が求められていたからではないか。逆にいえば、仮に後醍醐天皇が傑出した個性の持ち主で、斬新な政策を提案しても、誰もそれに従い、支える者がいなければ、その政権はあっという間に潰えるほかありませんでした。これまでのシステム、ルールではうまくいかなくなっているとみんなが感じていたときに、別のシステムを提示し、それがうまくはまった人が「歴史的人物」になる。そう考えてみたいのです。

? 世襲のメリット、実力のメリット

私はこれまで「日本では世襲原理が強過ぎる」と批判してきました。それは、あれだけ中国の先進的な文物や制度を取り入れようとしてきたのに、試験による人材登用である科挙制度はまったく取り入れようとしなかったことがよくあらわしています。

世襲のデメリットはいろいろ挙げることができますが、一言でいうと、変化に対応できないことでしょう。というよりも、世襲と前例踏襲が手を握ると、変化そのものを否定するシステムとなってしまうのです。

ではなぜ、より優れたシステムであるはずの実力主義、競争原理が、日本では世襲に勝てなかったのでしょうか。

鎌倉幕府を築いた関東武士たちは、ある意味で、実力の世界に生きていました。邪魔になる奴は実力で排除する。『承久の乱』や『北条氏の時代』（ともに文春新書）で描いたのは、そんな彼らの血で血を洗う権力闘争の歴史です。

そこであらためて気づいたのは、トラブルや権力闘争のたびに、いちいち武力でぶつか

るのは、非常にコストがかかる、ということです。やられた方は下手をすると命を失い、一族の力も大いに弱まりますが、勝ったほうも無傷ではいられません。報復の可能性がいつまでも消えないからです。それに臨戦態勢で備えていては、疲弊するばかりです。

さらに問題は、実力のある者は周りから恐れられるということです。その代表例が織田信長でしょう。朝倉、浅井、武田、足利義昭、本願寺とほとんど常に「反信長同盟」がつくられてしまう。さらには松永久秀や荒木村重、最後は最も信頼していたはずの明智光秀にまで裏切られる。もちろん信長のパーソナリティによるところも大きかったでしょうが、ためらわず実力を行使し続ける信長は、相手にとっては安心できない存在であったことも確かです。

実力の世界とは、逆に言えば序列のルールが定まっておらず、力でしか正統性が主張できない世界ともいえます。

では、秩序を必要とするとき、実力（＝その時点での武力、経済力などのリアルパワー）以外の基準は何でしょうか。グループ内のルール化された序列、それが世襲であり、権威なのではないか。家柄の古さや前例こそが優先されるというルールにしてしまえば、その価値は体制が継続するほど累積していきます。

そのメリットはといえば、予測可能性でしょう。誰が出世するか、誰に働きかければ物事が動くかがわかりやすい。こうして考えると、世襲原理にも一理はあるようです。

しかし、とやはり考えざるを得ません。実力の裏付けのない権威は本当に有効なのか。それは歴史を見れば明らかです。足利尊氏は征夷大将軍になったから、武士のリーダーになれたのではありません。尊氏にリーダーとしての実力があったから、将軍という権威が有効に機能したのです。豊臣秀吉の関白もしかりです。権威が最も有効なのは、実力者（リアルパワーの担い手）がそれを利用するときです。何といってもコスパがいい。実力を明らかにするというコストをかけずに、競争相手に勝てるのですから。

逆にいうと、権威が通じなくなるのは、時代が変化している局面です。それまでのグループ内のルール、秩序意識（身内の論理）が通じなくなるのです。その典型が戦国期の天皇でしょう。この時期には後土御門天皇（在位三十六年）、後柏原天皇（在位二十六年）、後奈良天皇（在位三十一年）と在位期間の長い天皇が続きますが、それはあまりにもお金が無くて、代替わりの儀式ができなかったためです。地方でむき出しの「実力者」たちがぶつかり合うなかでは、もはや天皇の権威は影響力を持ち得なくなる。秀吉という実力者が権威を求めたことでやっと延命できたといえるでしょう。

第二章　古代

? 史料が少ない古代史を読み解くには

私の専門は中世ですが、古代にもしばしば言及します。歴史の変化を考えるには、どうしても前後の時代との比較が不可欠だからです。

とはいえ、研究者としては古代と中世では異なるトレーニングが必要になります。史料には時代ごとに独特の文体や言い回し、形式があるために、深く研究するには、時代に特化した読み方が求められる。よく学問のたこつぼ化が指摘されますが、研究の現場からいうと、そもそも扱う史料が異なるためにおのずと専門が分かれていくことになるのです。

では、古代と中世では何が違うか。まず史料の数が違います。前に説明したように、歴史学の基礎となるのは、一次史料である古文書と古記録ですが、古記録（日記）は現存する最も古いものでも平安期以降で、それ以前の日記は見つかっていません。また古文書も非常に数が限られます。

奈良時代の古文書研究は、東京大学史料編纂所所長でもあった竹内理三先生の『寧楽《なら》遺《い》文《ぶん》』に尽きるでしょう。ほぼ独力でこの時代の古文書を活字化した、とても偉大な業績です。この『寧楽遺文』は一九四三～一九四四年に初版として二巻が刊行され、戦後の一九六二年に改訂版が出されて、全三巻となりました。

竹内先生は平安時代の古文書も同様に活字化し、『平安遺文』としてまとめ上げました。こちらは全十一巻。さらに同じく竹内先生による『鎌倉遺文』は全四十六巻になります。三、十一、四十六とどんどん史料の量が増えていることがわかるでしょう。さらに室町、江戸となると、残されている古文書は膨大になります。ことに近世になると、経済活動も盛んになり、識字率の向上もあって、記録を残す人々が飛躍的に増えます。つまり、時代が遡るほど古文書は少なくなるのです。

記紀の「意図」に注意せよ

そのために古代においては、先にも触れた古代日本の正史である『日本書紀』をはじめとする「六国史」や、神話などを含む『古事記』などの歴史書を手掛かりとするしかありません。

先にも述べたように、歴史書を読む場合には、書いた側の意図に注意する必要があります。「六国史」の場合は朝廷です。そこに示されているのは、天皇をトップとするヤマトの王朝が地方の民を従え、統一国家を築いていったという歴史像ですが、それは書き手である朝廷側が主張したいストーリーであって、それが事実だったかどうかを疑ってかからなくてはなりません。

その意味では、古代の歴史書は、いわばヤマト王権の自画像ともいえます。ヤマト王権の成り立ちから示そうとするため神話、伝説も含まれていますが、なぜそれを記録に残し、何をアピールしようとしたかという制作者たちの意図を探ることも、古代史研究の重要な仕事でしょう。

ほかの時代ならば、古文書や古記録を「リアルタイムで記された証拠」として、歴史書の意図や誤りを探っていけますが、古代史にはそうした武器が乏しい。どうしたらいいか。古代史の大きな特色は、大陸（中国）、半島（朝鮮）との関係が非常に色濃いことです。それもあって、中国や朝鮮の資料から古代日本のあり方を考えるというアプローチも盛んです。三世紀末に書かれた歴史書『三国志』に出てくる『魏志』の「倭人伝」は有名ですが、日本国内に文献資料がない時代なので、邪馬台国や卑弥呼などに関しては、これに頼らざるを得ません。とはいえ、この「倭人伝」はあくまでも魏にとって必要だと思われる事項を書き残したものでしょう。当時の日本は、中国からするとあまり重要ではない辺境地域なので、記述の正確性も吟味が必要です。

全体的に材料の乏しい古代史において、注目を集めているのが「木簡」です。木簡は短冊状の細長い木の板に文字が書かれたもので、紙が普及する前に使われていました。一九六〇年代から、土中に埋もれた木簡が多く発見され、いまでは三十八万点を超える出土点数になっています。用途としては、役所間の連絡や帳簿として使われた文書木簡や、税として納められたものや物品管理などに使われた付札《つけふだ》などがありますが、当時の情報を伝える貴重な資料です。

そのほか法隆寺や東大寺などの建築物や仏像など古代の文化財、考古学的な資料もフルに活用して、なんとか歴史像を組み立てていくのが古代史の魅力だと思います。

? ヤマト王権のフランチャイズ戦略

中国の史書『漢書』の「地理志」には、倭という地域が登場します。紀元前一世紀ごろ、百余りの小国に分かれ、朝鮮半島の楽浪郡《らくろうぐん》に使いを送っていた、と記されています。また『後漢書』の「東夷伝」には倭の奴国の王が光武帝から印を与えられたとあります。これが「歴史」にはじめて登場した「日本」の姿でした。

そして三世紀末に書かれた『魏志』の「倭人伝」に邪馬台国が登場します。この邪馬台国が九州にあったか、大和にあったかは今なお議論の続くところですが、ここで重要なのは邪馬台国が三十カ国ほどの小国を勢力下に置く連合体だったこと、魏に使いを送り、外交関係を結んでいたことでしょう。小国の連合体、大陸とのパイプは、その後、日本の古代王権を考えるうえでも重要なファクターです。

ヤマト王権は早ければ三世紀頃、現在の奈良県を中心に成立したとみられます。初期のヤマト王権は後の大和国全域にも及ばない小規模のもので、周辺の諸豪族との政治連合体だったと考えられています。天皇を頂点とし、その下に位階システムを備えるヤマト朝廷となるのはかなりのちのことでした。

パワーの源泉は大陸・半島にあり

ではヤマト王権はどうやってその勢力を広げ、のちのヤマト朝廷となっていったのか。その力の源はどこにあったのでしょうか。

私が重要だと考えるのは、やはり、大陸・半島との関係です。この時期、大陸と列島（日本）の文明の進度の差は圧倒的でした。なんといっても邪馬台国の時代に、中国ではあの『三国志』のドラマが展開されていたのですから。さらに遡れば司馬遷が『史記』を著したのは紀元前九一年。そのころ日本は、やっと弥生時代の中期でした。ということは、中国と交流し、その文明に接することができれば、周囲の「小国」の指導層である豪族たちに対して、数百年分タイムワープするようなアドバンテージを持てることになります。

このアドバンテージを最大限に生かした勢力が、「奴国」であり、邪馬台国であり、天皇を中心としたヤマト王権だったのではないでしょうか。そうした勢力は複数あって、そのなかで勝ち残ったのがヤマト王権だったのかもしれません。

この構図は、たとえば聖徳太子が主導的な役割を果たしたとされてきた様々な事業にも当てはまります。仏教の受容、隋への使節派遣、そして冠位十二階や十七条憲法といった先進地域の統治システムの導入など、いずれも大陸との関係強化とそれを駆使した国内統治にほかなりません。

そうなると問題は地理的条件です。大陸・半島と太いパイプを保つためには、当然、九州が最も有利です。これは神話の領域になりますが、『古事記』『日本書紀』に記された神武天皇の東征は、日向（現在の宮崎県）から筑紫（現在の福岡県）に北上し、大和でナガスネヒコという豪族を滅ぼして即位するというストーリーになっています。これも伝説に属しますが、神功《じんぐう》皇后の三韓征伐も筑紫の香椎宮で神託を受け、対馬から朝鮮半島に渡るというルートです。

そう考えると、ヤマト王権の生命線は九州北部から瀬戸内海を通り畿内にいたるエリアだったといえるでしょう。大和か九州かではなく、大和も九州も押さえたことで、ヤマト王権は列島に広がる古代国家を形成したと考えられます。その意味で、ヤマト王権は完全に西国型の国家だといえます。なぜなら文明＝支配力の源泉はつねに西から来るからです。

それは同時に、脅威も西から来ることを意味します。詳しくは後に白村江の戦いのところで述べますが、ヤマト王権は、朝鮮半島の政治情勢の影響をダイレクトに受けています。

その意味ではヤマトという地は、安全保障の観点から選ばれたのではないでしょうか。九州北部では朝鮮半島に近すぎるのです。ヤマト王権の勢力エリアで、中国・朝鮮が攻めてきたときに、最も距離と時間を稼げるのが、畿内のどん詰まりにある奈良盆地だったのではないでしょうか。

〝武器〟は銅鏡、古墳？

興味深いのは、このヤマト王権がどのように勢力を広げていったかです。

やはり中国の史書『宋書』の「倭国伝」には、四七八年に倭王武が宋の皇帝に送った上表文が記されています。その冒頭には〈封国は偏遠《へんえん》にして藩《はん》を外に作《な》す。昔から祖《そ》禰《でい》躬《みずか》ら甲冑を擐《つらぬ》き、山川を跋渉《ばつしょう》し、寧処《ねいしょ》に遑《いとま》あらず。東は毛人を征すること、五十五国。西は衆夷を服すること六十六国。渡りて海北を平らぐること、九十五国。王道融泰《ゆうたい》にして、土を廓《ひら》き畿を遐《はるか》にす。累葉朝宗《るいようちょうそう》して歳《としごと》に愆《あやま》らず〉とあります。つまり、私の国は遠く辺境にあり、中国の海の守りになっています。祖先は自ら武装し、休みなく行軍をして、東に五十五カ国、西に六十六カ国、北に九十五カ国を平定しました。そして中国の天子にきちんと使者を送って拝謁しています、と言っている。この倭王武とは雄略天皇ではないかという説がありますが、初期ヤマト王権の王がみな成人の男性であることからも、彼らが軍事的リーダーであったことは推測されます。

その一方で、考古学による調査では、大規模な戦闘の跡はほとんど発見されていません。ヤマト王権による征服事業として有名なのは、『古事記』『日本書紀』に記されたヤマトタケルの伝説でしょう。もちろんヤマトタケルは実在が確認されていない人物ですが、彼が父の景行天皇の命を受けて、西に東に蛮族を平らげる物語には、熊襲建《くまそたける》を少女に扮して殺害したり、草薙剣《くさなぎのつるぎ》で火攻めから逃れたりといったヤマトタケル個人の活躍は描かれるものの、大軍勢は登場しないのです。

これをどう考えるか。もちろん英雄譚のフォーマットに則ったもの、と片づけることもできますが、私はヤマト王権の蛮族征服が、武力による制圧というよりも、地域のボスである豪族たちとの同盟締結に近いものだったことを表しているのではないか、と考えています。もちろん、大陸・半島由来の最新型の武装を誇示したり、威嚇的な攻撃はあったでしょうが、力と力が正面からぶつかり合う本格的な戦争は少なく、ほとんどは外交交渉で、その勢力を広げていったのではないか。

そのとき最大の〝武器〟となったのが、西からもたらされた「文明」だったと思います。

たとえば銅鏡や剣など、その土地の豪族が見たこともないような文物を示し、自分たちと結べば、こうした威信財が手に入る、と交渉する。あるいはモノだけではなく、進んだ農耕技術や金属器の製造技術などのソフトウェアも提供したかもしれません。

私がそう考える根拠のひとつは、古墳です。三世紀の後半から、畿内、瀬戸内海、九州北部で巨大な墳墓がつくられるようになりますが、そのエリアはまさにヤマト王権のコア地域と重なります。そして、四世紀後半から五世紀になると、東北地方の南部から九州南部まで幅広くつくられ、数も激増するのです。

ヤマト版冊封体制

私はこれを「古代フランチャイズ制」として考えてみたいと思います。

ヤマト王権と手を結んだ地方豪族は、ヤマト王権から技術指導を受け、巨大古墳をつくることで、いわば「ヤマト王権ブランド」を手に入れ、支配下の人々や周囲の豪族に、それを見せつけることができます。地域を直接支配するのは、これまで通り地元の豪族ですが、一定の貢納などをおこなうことでヤマト王権の考える秩序に参加していく。つまり看板を掲げて「ヤマト王権」のフランチャイズになるのです。

ヤマト王権による支配とは、地方豪族という点を結んでいく、「点の支配」だったのではないでしょうか。実際に武力で制圧するのは、多大なコストがかかります。しかも、戦後の占領統治にはもっと手間がかかる。それよりも大陸由来の文物とテクノロジーを見せつけたうえで、連合を結んでいくほうがずっと簡単です。

実は、このやり方自体も、中国が周辺民族に対して行っていた冊封体制のヤマト版だったと考えられます。中国では古くは前漢の初期に、朝貢してきた南越、朝鮮に対し、王として認め、多くの贈り物を下賜するという支配を始めます。周辺民族の王たちもそれによって多大な利益を受ける代わりに、自発的に中国の支配下に入っていく。このシステムを輸入したことが、ヤマト王権が勢力圏を広げていくうえで最大の「パワー」となったといえるでしょう。

？「日本」をつくった警戒レベルＭＡＸの外圧

このようにヤマト王権は大陸・半島との関わりが密接でしたが、それは反面、つねに外圧との緊張関係に置かれていたことを意味します。先に述べた外圧レベルでいえば、古代ヤマト王権はずっと警戒レベルⅡ～Ⅲの高い脅威にさらされていたといえるでしょう。

それが警戒度ＭＡＸ、国家の存亡がかかるレベルにまで達したのが、六六三年の白村江の戦いでした。私はこの白村江の戦いが、日本史に大きな転機をもたらしたと考えています。それは一言でいえば「日本」というアイデンティティの誕生でした。

いきなり結論を述べてしまいましたが、白村江の敗戦に至るまでの経緯を簡単に押さえておきましょう。

四世紀末から五世紀ごろ、ヤマト王権はしばしば朝鮮半島に兵を出すようになります。四一四年、高句麗が建立した広開土王碑には、倭軍が百済、新羅を侵略したために、高句麗がこれを討った、と記されています。また先にも触れた倭王武は宋の皇帝に、朝鮮半島での軍事権を求め、安東大将軍の号を認められています（ただし百済王、高句麗王には、さらに上位の将軍号が与えられたのですが）。五世紀も半ばになると、高句麗からの攻撃を受けた百済はヤマト王権との関係を深め、ヤマトから何度か援軍を送るようになります。

その朝鮮半島に手を伸ばしてきたのが中国でした。五八一年に建国した隋は四度の高句麗遠征を行い、六二八年に唐が中国を統一すると、高句麗、百済を攻めはじめます。そして六六〇年、新羅を従えた唐の軍隊が百済を滅ぼすと、百済の遺臣たちはヤマト王権に救援を求めました。時の指導者、中大兄皇子はこれを受け入れます。これがヤマト王権にとっていかに大事な戦いだったかは、六六一年に斉明天皇自ら九州に赴いていることからもうかがえます（そこで急死してしまうのですが）。そして六六三年、朝鮮半島に渡ったヤマトの軍勢は唐に大敗を喫します。

このとき、ヤマト王権は危機に直面します。現に百済はすでに滅ぼされ、六六八年には高句麗も滅亡しているのですから、唐・新羅連合に敵対した国はヤマトだけになってしまった。

ヤマト王権は六六五年、六六七年、六六九年と相次いで唐に使いを送り（六六七年は唐までたどり着かず）、必死に関係修復をはかるとともに、国防強化に乗り出します。まず対馬、筑紫などに烽《とぶひ》というのろしによる通信所を設置、筑紫には水城《みずき》と呼ばれる防塁を築きます。さらに瀬戸内海沿いには百済将軍の指揮のもと、朝鮮式の山城が置かれました。六六七年には都も飛鳥からさらに奥に入った近江へと移しています。中大兄皇子が天皇に即位したのは六六八年のことです（天智天皇）。臨戦態勢づくりが一段落したタイミングだったのでしょうか。

そして天智天皇の死後、壬申の乱を経て、六七三年に皇位に即いた天武天皇と、その妻で天武の死後に跡を継いだ持統天皇は、さらなる大改革に乗り出します。のちの「日本」の原型はこの二人の天皇によってつくられたといっても過言ではありません。

天皇・国号・歴史の誕生

そもそも「天皇」という称号、「日本」という国号自体、天武天皇の時代に成立したものです。それまでの「大王《おおきみ》」に替え、自分が中国や朝鮮とは異なる独自の存在であることを示したのだと考えられます。

また、『古事記』（七一二年成立）、『日本書紀』（七二〇年成立）の編纂が始まったのもこの時期です。神話と歴史が一体となった構成なのも、天皇家を神話と直結させることで、その権威を確立するという意図が感じられます。たとえば先にも触れた神功皇后の三韓征伐などは、朝鮮半島での日本の正統性を主張するためのエピソードだと考えられるでしょう。

　この時期に、一度焼失した法隆寺が再建され、伊勢神宮の社殿などが整備されたのも偶然ではないでしょう。外来の刺激を受けながら、日本独自のデザインが模索された時代だったといえます。伊勢神宮の主祭神である天照大神は持統天皇をモデルにしたものだという説もあります。

　その一方で、天武・持統は大陸の制度や文化を導入して国家体制を整えようとしました。その最たるものが律令制の導入です。それは七〇一年の大宝律令として結実します。この律令制が日本において実際に機能したかどうかは後に詳しく述べますが、外圧や敗戦によって、敵国の先進性を痛感し、それを積極的に取り入れようとした点は、明治維新、昭和の敗戦とも通じるものがあります。

　敗戦は、グローバル・スタンダードの受け入れと同時に、自分たちは何者なのかというアイデンティティの確立、ナショナリズムの自覚を余儀なくされます。たとえば記紀の編纂の背景には、外交上の動機もあったことが指摘されています。中国と交渉を持つ中で、日本とはどういう国なのかを示す必要が生じていたというわけです。

天武天皇は壬申の乱という内乱に自力で勝利を収めた「実力の王」でもありました。そのため大臣を置かず、皇后（持統天皇）をアドバイザーとして、権力を一元化し、強いリーダーシップを発揮したとされています。

また持統天皇は自分の子、自分の孫を天皇とすることにこだわり、孫の文武天皇の代には太上天皇（上皇）としてともに政務を執りました。これまで成人男性が即くことがならいとなっていた天皇は、兄から弟へヨコの継承が行われることが多かったのですが、持統は父子の直系によるタテの継承を明確に打ち出したのです。この文武天皇の代に、「大宝」という元号が制定されました。日本で最初の元号は「大化」とされていますが、その後しばらくして使われなくなってしまいます。今に続く元号のはじまりは、この「大宝」です。さらに『万葉集』の原型（巻一の前半部）は持統天皇の命によるものだったと推定されています。

このように、天智・天武・持統の三代の天皇の治世に、いま、私たちが「日本」として考えるものの原型が生まれたと考えられます。そして、それは外圧＝変化＝新しい国家体制の再構築という、日本史のパターンの原型でもあったのです。

? 壬申の乱は「日本」を二倍に広げた

　時代は少し前後しますが、ここであらためて古代最大の内乱である壬申の乱（六七二年）を取り上げたいと思います。これについては、様々な議論がありますが、本書では地理の側面から取り上げてみたい。私は、西ばかり気にしていたヤマト王権が、この乱によって、はじめて東を意識するようになったという説を唱えているのです。

　壬申の乱について簡単におさらいすると、天智天皇はもともと弟である大海人皇子を皇太子に立てていました。ところが、晩年になり、息子の大友皇子を太政大臣に就けます。天智は死の床で大海人皇子を呼び、次の天皇になってほしいと伝えますが、大海人皇子は、大友皇子に譲位したいという天智の真意を察し、自分は邪魔者として殺されるかもしれないと考えます。そして大友皇子を皇太子に推挙して、自分は出家すると近江の都を出て吉野に逃れるのです。これは後に後醍醐天皇がやはり吉野に逃れ、南朝を開くことを考えると興味深い。都から近く山深い吉野は、ゲリラ戦の根拠地として格好の地理的条件を備えていたといえるでしょう。

そして天智天皇崩御の報を受けた大海人皇子は、吉野を脱出して、意外なことに美濃国（現在の岐阜県）の関ヶ原に向かうのです。実は美濃にはもともと大海人皇子の所領がありました。そして配下の多品治《おおのほんじ》に命じ、不破で東山道を封鎖させます（ちなみにこの多品治の子が『古事記』の編者とされる太安万侶《おおのやすまろ》だとする説があります）。ついで、東海道の鈴鹿（現在の三重県）を封鎖し、近江から大友軍が来ることを防いだのです。

このとき、大友皇子は白村江の敗戦のダメージを受けた西国地域で軍勢を集めさせていました。そのために、新たに兵力を集めることが難しい状態でした。そこを見て取った大海人皇子は美濃以東の兵を集めて、近江の大友皇子を攻めたのです。つまり、大海人皇子ははじめて「東」から都を攻めて勝利したことになります。

この大海人皇子が即位し、天武天皇となると、都を近江から飛鳥に移し、不破、鈴鹿、そして越前（現在の福井県）の愛発《あらち》に関所を設置しました。これを「三関《さんげん》」といい、東への守りの要としました（後に愛発関は近江の逢坂関に代わる）。その後も朝廷は三関を重視し、非常事態が発生すると役人を派遣して関を封鎖します。これを「固関《こげん》」といいます。その後は次第に形式化していきますが、天皇の崩御や新天皇の即位など、大きな儀式のときは必ず固関が行われるようになりました。

「関東」とはそもそも「関の東」のことです。つまり古代においては、福井から岐阜の西端を通って三重に至るラインから東は「関東」だったのです。

壬申の乱での経験もあってか、天武天皇は道を重視しました。「五畿《ごき》七道《しちどう》」の原型を整えたのも、天武天皇の時代です。五畿七道とは、畿内五国（大和、山城、摂津、河内、和泉）とそれ以外の地域である七道（東海道、東山道、北陸道、山陽道、山陰道、南海道、西海道）を指します。武蔵国などの地方国もその頃に作られました。とはいえ、東北地方はあれほど広いのに、太平洋側に陸奥国、日本海側に出羽国と二国しか置かれていません。これは形だけのことで、実質的には統治はなされていなかったのでしょう。

いずれにせよ、天武天皇は「関東」を強く意識し、東国を「発見」した最初の天皇といえるかもしれません。こうしてフロンティアとしての「東国」が見いだされ、これまで西国限定ともいえた日本は「二倍」の広がりを持つようになったのです。

？ 律令体制を税金問題として考えてみよう

日本の古代の国家体制について語るとき、必ず出てくるのが「律令」です。この律令がなぜ重要なのかといえば、土地制度と深く結びついているからです。近代以前においては、土地は生活のベースであると同時に、最大の生産基盤であり、権力の基盤でもありました。

律令が定めた土地制度の大原則は「公地公民」、つまりすべての土地は「公」＝天皇のものであり、すべての民は天皇に属するというものです。この大原則に基づいて、ひとりひとりの民に口分田が与えられ、かわりに租庸調という税を納める。この仕組みを「班田収授」と呼ぶことも、歴史の授業で習ったはず。しかし、その律令制度は、新しく開墾した土地の私有を本人・子・孫の三代に限って認める「三世一身法」や、開墾地を永久に私有することを認める「墾田永年私財法」などによって、次第に形骸化していった――というのが従来の「定説」でした。

しかし、私はその「定説」を疑っています。律令とは、当時の現実からかけ離れた「絵に描いた餅」だったのではないか。「次第に崩れていった」のではなく、はじめからうまく機能していなかったのではないか。

機能しなかった律令

それをあらわすのが令外官《りょうげのかん》です。律令に規定されていない官職だから、令外官。そもそも大宝律令が制定された後に、参議・造平城京司・中納言・按察使《あんさつし》などの令外官が登場し、その後も国司が地方でちゃんと仕事をしているかを監察する勘解由使《かげゆし》、天皇の秘書として機密文書を取り扱う蔵人所《くろうどどころ》など、重要な役職が続々とつくられていきます。きわめつきは摂政、関白、内覧（天皇が決裁する文書を事前に閲覧して政務を行う役職）といった、いわば朝廷のトップも、律令になかったものです。朝廷の政務の中核をなす官職を、あらたに設置しなければならなかったということは、いかに律令が実務に適合しなかったかをあらわしています。

また律令では二十一種類もの文書の様式が事細かに定められていましたが、そのうち定着したのはたったの四つ。十七種の文書様式はあっという間に使われなくなってしまったのです。

さらに問題なのは、律令そのものの規定はほとんど変更されていないことです。律令は国家の基本法ですから、制度を変えるには律令本体も改めるのが本筋でしょう。現に中国では皇帝の代替わりのたびに、律令を修正しているのに対し、日本では六八九年に持統天皇が制定した飛鳥浄御《きよみ》原《はら》令、七〇一年の大宝律令のあとは、七五七年の養老律令が出されると、以後は新たな律令が制定されることはありませんでした。しかも大宝律令と養老律令は、内容的にほとんど変わらないとされています。この一事をとっても、律令が法制度として有効に機能していたとは、とうてい思えません。つまり、養老律令を最後に、律令を改正するのをあきらめ、放置したのです。

たとえば、時代はずっと下りますが、鎌倉幕府が制定した御成敗式目は、現実の問題に対処するため、追加法を次々と出しています（そこには別の問題も生じたのですが、後で詳しく述べます）。実際に使われている法律というものは、新たな事態に対応するためにどんどん変わっていくものなのです。

また、「誰が律令を運用するのか」も重要な問題です。

律令は先進国の唐で作られただけに、非常に難しい言葉（もちろん漢文）で書かれています。これを読みこなし、きちんと解釈して運用できる知識人が、当時の日本にどれぐらいいたでしょうか。おそらく、ごく一部の中央官僚に限られていたはずです。地方で土地の管理や税の取り立てを直接的に担当する役人たちは、律令に記された内容をしっかり理解できてはいなかったでしょう。

そもそも、当時の日本には、律令制度の担い手であるはずの官僚を登用し、育成するシステムもなかったのです。中国では、隋の時代から、官僚登用試験である科挙が行われてきました。その厳しい試験を勝ち抜いた者が、律令に基づいて行政を行うのですが、日本にはついに科挙は導入されませんでした。これではルールブックだけがあって、プレイヤーもアンパイアもいないようなものです。ちなみに、大宝律令や養老律令は、原文が現存しているわけではありません。九世紀中頃に編纂された養老律令の注釈書である『令《りょうの》集解《しゅうげ》』によって、その内容を知ることができるのです。

班田収授の非現実性

そこで律令制度の目玉ともいうべき「公地公民」、それに基づく「班田収授法」を検討してみましょう。

この制度は簡単にいえば、六歳になった良民に田を与えるというものです。男子は二段《たん》、女子はその三分の二で、六年に一回行われます。良民が死ぬと、土地は公に返されます。

こう書くとシンプルに思えますが、とんでもない。実際に行おうとすると、ほとんど不可能に近い施策なのです。まず、その地域の人口、個人情報（性別、生年）を把握する。土地も区画化し耕作可能な状態に管理して、個別に振り分け、六年ごとに更新するのですから、かなりの行政能力を必要とします。

現代の国家でも、個人の所在を確実に捕捉するのは難しい。少し前のことになりますが、すでに亡くなった老人を生きていることにして年金をもらい続けていた事件を記憶されている方も多いでしょう。はたして古代のヤマト朝廷にそれが可能だったのか？

実際、奈良時代や平安時代の戸籍をみると、ほとんど女性ばかりの集落があります。これは偽《ぎ》籍《せき》といって、つまり戸籍を偽わっていた。当時の税である租庸調のうち、米を納める租は全ての人に課されましたが、庸（労役のかわりに布で納める）、調（布、地方の特産物を納める）は成年男子のみに課されたからです。

まがりなりにも班田収授が行われていたとしても、とりあえず「取れるところから税を取る」収奪的な支配だったでしょう。だから、土地を離れて、「逃亡」「浮浪」となる農民がたくさん出ました。

そもそも良民に田を配ろうにも、もともと農地が足りません。そこで開墾が奨励され、七二二年に「百万町歩開墾計画」が出されますが、これもうまくいきません。国の台帳に登録されている農地は、十世紀頃になっても、全国で百万町歩（一町歩＝約一ヘクタール）に満たないほどでしたから、いかに非現実的な計画だったかがわかるでしょう。

一口に開墾といっても、当時はブルドーザーなどありません。基本は人力で、木を一本取り除くにも、手掘りで根から掘り起こすしかなかったのです。より効率的な動力としては牛馬がありますが、それを所有できたのはごく一握りの人々でした。

さきほどの「古代フランチャイズ制」ではありませんが、実際に、地方の土地や良民を直接押さえていたのは、朝廷ではなく、地方のボス（豪族）たちだったと考えられます。新しく土地を切り拓く主体も、そうした地方豪族たちでしょう。そう考えると、三世一身法や墾田永年私財法は、律令制の崩壊というよりも、もともとの土地のあり方を追認しただけとも考えられます。

税と統治の三つの段階

ここで税金について少し考えてみましょう。私は日本史において、税のあり方には三つの段階があると考えています。

1　取れるところから取る

ここでは「民」は、基本的には威圧によって税を負担させられる、収奪の対象でしかありません。当然、税の追求があまりに苛烈な場合、その土地から人々が逃げ出してしまい、後には耕作放棄地が残されてしまいます。

後に詳しく論じますが、平安時代の中央貴族にとっては、地方からあがってくる税収には興味があっても、地方に住む人々などは、顧慮の対象ではありませんでした。

2　民に一定の保護を与えて、税収を確保する

いわゆる「民を太らせてから、しぼる」というやり方です。こうした発想は、在地の勢力から生まれてきます。農民の安全を確保したり、生産性が高まると、人口も増え、その分、税収も増えます。これは近代の富国強兵や、戦時下での福祉の充実などとも通じるところがあります。

3　民が太る（安全に暮らす、豊かになる）こと自体を、統治の目的とする。税はそのために必要な施策を行うためのものである

『日本書紀』には、仁徳天皇の有名な「かまどの煙」のエピソードが記されています。ある日、仁徳天皇は群臣たちに次のように曰《のたま》います。

〈朕登高台以遠望之、烟気不起於域中、以為、百姓既貧而家無炊者〉

高台から見ていると、国の中に煙が立ち上っていない。民が貧しくて飯も炊けないでいるのではないか、というわけです。そして次のように宣言します。

〈自今以後至于三年、悉除課役、以息百姓之苦〉

今から三年、賦役を免除して、民の苦しみを和らげたい、と。

これはおそらく五世紀ごろから日本に入ってきた儒教思想にも影響されたものでしょうが、「民を慈しむことは、統治者の徳をあらわす」という考え方自体は、古くからあったといえるでしょう。これが実際の政治に反映された例として挙げられるのは、ずっと後代になって、鎌倉時代の朝廷が打ち出した「徳政」です。これも後にあらためて論じますが、承久の乱に敗れた朝廷は、武力を奪われ、天皇の人事の決定権も幕府に握られてしまうなど、自らの権力基盤を揺るがされます。そこで時の摂政、九条道家が打ち出したのが「徳政」、徳にあふれた政治でした。これは鎌倉後期の歴代の天皇にも引き継がれていきます。

タテマエの力

話を律令制度に戻しましょう。これまで述べてきたように、律令は当時の日本の実情とはかけ離れたものでしたが、ヤマト朝廷にとっては、重大な意味を持っていました。それは「外圧」への対応です。

前にも述べたように、白村江の敗戦後、ヤマト王権の課題は大きく二つありました。ひとつは国内体制を構築し直すこと、もうひとつは強大な唐への対応です。この二つはコインの表と裏のように、一体のものでもありました。

そのなかで、律令は先進国の唐のシステムを導入して、国家体制を一新することと同時に、当時の「チャイナ・スタンダード」を取り入れることで、唐の求める秩序に日本も加わることを示すものでもあったのです。だから、現実離れした、実地では使えないシステムでも必死に導入しようとしたのでしょう。

もうひとつ、指摘しておきたいのは理念＝タテマエの力です。

律令で示された土地所有の理念、すなわち土地は原則的に公＝天皇に属するという「公地公民」のタテマエは、後々まで強い影響力を持ちます。

もともと実際に土地と良民を管理してきたのは、郡司＝朝廷の秩序に加わった在地の豪族でしたが、時代が下るにつれ、中央＝朝廷から地方の国衙に派遣された国司が、この「公地公民」のタテマエに基づいて管理するようになるのです。

　これを荘園研究で良く取り上げられてきた肥後の鹿子《かのこ》木荘《ぎしょう》を例に、簡単に説明しましょう。

　そもそもこの地を開墾した「開発領主」は沙弥寿妙《しゃみじゅみょう》というお坊さんでした。開発領主は、現地の国衙と話し合い、たとえば三年の間は税金免除などの条件を取り決めます。

　そして月日は流れ、この土地は沙弥寿妙の子孫である中原高方《たかかた》に継がれます。これを「在地領主」と呼びます。ところが、この高方の代になって、国衙が土地を召し上げようとしてきました。何故か？　ここで登場するのが、律令の理念です。本来、全ての土地は天皇＝国家のものだから、国に返してもらう、という理屈です。

　このとき、在地領主はどうするか？　国衙を司るのは、国司として地方に派遣された貴族です。この国司を黙らせるために、より上位の中央貴族や大寺社に保護を求めます。中原高方の場合、参議まで務めた藤原実政《さねまさ》に手紙を書き、「毎年、四百石を送るので、国司に手を引くよう言ってください」と頼みました。これを「寄進」と呼びます。

「鹿子木荘は藤原実政に寄進された」ということになりますが、実際に土地を運営しているのは在地領主の中原高方で、実政は口利きをしているだけ。そして、この口利きによって支払われる四百石は、実政の子孫に相続されていくのです。つまり荘園というシステムは、律令制のタテマエをかいくぐる形で成立したといえるでしょう。

この「土地は天皇のものである」という律令制のタテマエを打破したのは、はるか後の戦国大名たちでした。彼らは、領国の土地も領民もすべて自分＝戦国大名に属する、とする一円支配を打ち出したのです。「実情とはかけ離れた」律令は、理念＝タテマエとしては、近世に至るまで影響を及ぼし続けました。その意味では、一見、現実離れしたタテマエでも軽んじることはできません。理念を設定すること自体が、パワーのひとつの源となりうるからです。

第三章　平安時代

? 朝廷は全国を支配できていたか　「面」の支配と「点」の支配

第一章でヤマト王権は基本的に西国国家であり、いわゆる東国は国家のフルメンバーとはみなされていなかった、と述べました。

そこで、こんな疑問が出てくるかもしれません。律令体制では全国に国衙が設置されているし、聖武天皇は各国に国分寺、国分尼寺を建立している。前の章では天武天皇が五畿七道を定めたとしているではないか。それに、坂上田村麻呂が東北地方の乱を鎮めた蝦夷征伐はどうなるのか、と。

ここで考えなくてはならないのは、「面」の支配と「点」の支配の違いです。私たちは、国家というと、その領域一帯をくまなく「面」として統治するイメージを持ちます。いまの日本の法律は、たとえば一人の住民もいない無人島や山林地帯でも適用されます。

しかし、日本全体の「面」としての支配は、豊臣秀吉による全国統一、そして、それを引き継いだ徳川政権によってはじめて実現したものでした。それ以前、平安期の朝廷も、鎌倉・室町の武士政権も、「面」としての統治を行い得たのは一部分にすぎませんでした。

たとえば鎌倉幕府が「面」として支配していたのは、相模、武蔵、駿河、伊豆の四カ国に加え、上総、下総、安房、下野、上野など有力御家人たちの領地である東国が中心で、西国は、源平の戦いや承久の乱の戦勝によって得た領地をいわばまだら状に支配していたといえるでしょう。

　古代における、東国などの地方の支配は、国衙や城柵などの軍事拠点、すなわち「点」と、それを中央と結ぶ「線」によるものだったのです。

　その「線」である道も、いまの私たちがイメージするような誰もが簡単に移動できるものではありませんでした。古代の道は、いまのように整備された街道ではなく、「このルートを道とする」といった、いわば理念としての道でした。たとえば北陸道の親不知子《おやしらずこ》不知《しらず》のように、切り立った崖の下の狭い砂浜を十キロ以上行かなければならないといった、道とはいえないような難所があちこちにあったのです。

　よく時代劇などでは一般の町人も自由に街道を往来していますが、あれは相当のちの時代のことで、逆にいうと、近世になってどれだけ日本は安全になったかを示すものでしょう。たとえば平安時代、紀貫之の『土佐日記』は、貫之が国司として赴任した土佐から京都へ帰るまでを題材にしていますが、当然、そこには多くの家来が同行しています。それは鎌倉時代の女流文学『十六夜日記』も同様です。作者の阿仏尼が訴訟のために京都から鎌倉まで赴きますが、これも家来たちの護衛なしには不可能な命がけの旅だったのです。

坂上田村麻呂は東北を征したか？

そこで、平安の初期に行われた坂上田村麻呂の「東北平定」をみてみましょう。『続日本紀』などによると、坂上田村麻呂は、桓武天皇の代、七九一～七九四年と八〇一年、八〇三年の三回にわたり、蝦夷征討に派遣されています。田村麻呂は征夷大将軍に任じられ、陸奥出羽按察使兼陸奥守など東北全般の行政を司る官職も兼務しました。

しかし、本当に古代朝廷は東北地方を支配できたのでしょうか？　私は大いに疑わしいと考えています。

まず田村麻呂が率いた軍勢の記述をみてみましょう。七九一年、田村麻呂は征討の準備として東海道に派遣され、兵力や軍備などの点検を行います。そのときの兵力が十万人と記されています。また八〇一年の東北出兵での軍勢は四万人とされていますが、あまりにも多い。この記述が本当だとすると、それだけの兵站《へいたん》はどうしたのか。長期の遠征では、兵士の食糧も膨大になり、それを運ぶ運搬力も必要になります。兵站を確保していない場合は現地調達＝現地での掠奪《りやくだつ》しかありませんが、はたして当時の東国に、それだけの兵を支える生産力があったのか。また本当に四万もの兵の食糧を現地から収奪したとすれば、現地の民たちにとっては大被害であり、朝廷への反発を強めるばかりだったでしょう。

ずっと時代は下って、鎌倉幕府が存亡をかけた承久の乱でも、私の試算では幕府軍が約二万人、朝廷軍は二千人足らずといったところです。兵力はその時代の人口、生産力に大きく影響されますから、中世よりも人口の少なかった古代で、四万人の軍隊を遠く東北まで派遣できたのかという疑問が残ります。

いずれにせよ、田村麻呂は東北で胆沢《いさわ》城、志波《しわ》城（ともに現在の岩手県）といった拠点を設け、蝦夷の族長阿弖流為《アテルイ》などを捕虜として都に戻り、処刑します。七世紀くらいの段階で、朝廷は新潟に磐舟柵《いわふねのき》、渟足柵《ぬたりのき》と呼ばれる城柵を設置したとされていますが、そのあたりが朝廷の勢力の北限だったとすると、かなり北まで支配圏を伸ばしたことになります。

しかし、これは結局「点」の支配、それも一時的な東北侵略にとどまり、占領統治にさえ至らないものでした。田村麻呂の軍勢が都に引き上げてしまえば、東北はまた元の朝廷の統制が及ばない状態に戻ってしまう。それは、桓武天皇が繰り返し東北への出兵を行っていることからも明らかです。

またヤマト朝廷は多賀《たが》城（現在の宮城県）に蝦夷を支配する鎮守府を設置しますが、その後、多賀城が東北の中心として発展することはありませんでした。これも、古代朝廷による「東北支配」が一時的なもので、現地に根を下ろすことがなかったことを示唆しています。

もっと言いますと、坂上田村麻呂による蝦夷征討の実態は、未開地の調査探検か武装した威力偵察、そして現地民の不満の慰撫と鎮静化といったところではなかったでしょうか。アテルイにしても、反乱軍の首領というよりも、田村麻呂が懐柔に成功した現地のボスだったのではないか。このとき、田村麻呂はアテルイらを東北に返し、現地の取り込みに利用しようと主張したのですが、公卿会議で拒否され、処刑せざるを得なかった、と記されています。坂上田村麻呂が当時の朝廷きっての「東北通」であったことは間違いありません。彼には東北平定などとても不可能なことはよくわかっていたのではないでしょうか。

？遣唐使はなぜ廃止されたか　吉備真備と菅原道真の運命

最初に遣唐使が派遣されたのは六三〇年、舒明天皇の代のことです。六〇〇年から六一四年まで五回にわたった遣隋使に続くものでしたが、その目的は大きく分けて二つありました。ひとつは中国の優れた技術や文化、制度を取り入れること。これがヤマト王権のパワーの源、生命線だったことは前にも述べました。そしてもうひとつは外交です。

特に六六五年から六六九年にかけて、短期間に三回も行われた遣唐使は、白村江の戦いに敗れたあと、唐との関係改善を図るという明確な目的があったと思われます。

また見逃せないのが人材面です。空海、最澄、円仁などの仏教の指導者、山上憶良、橘逸勢《たちばなのはやなり》などの文化人が有名ですが、政治面でも力をふるった代表が、右大臣にまでなった吉備真備《きびのまきび》であり、僧侶の玄昉《げんぼう》でしょう。

吉備真備と玄昉はともに七一七年に唐に渡り、十七年間の在唐生活を経て、七三四年に帰国しました。ともに唐から多くの典籍を持ち帰り、当代きっての知識人として注目されます。もともと真備は備中（現在の岡山県）の国造《くにのみやつこ》だった下道《しもつみち》氏の出身で、留学後に従八位下から正六位下という破格の抜擢を受けています。

大きな転機となったのは、七三七年、それまで朝廷で権力を握っていた藤原武智麻呂をはじめとする四兄弟（藤原不比等の子）が天然痘で次々と死去し、皇族出身の橘諸兄《もろえ》が右大臣として政治を司ることになったことです。

危機の時代と実力人事

諸兄は、疫病で疲弊した国力回復を目指し、郡司の定数削減などの地方行政の簡素化、防人や健児《こんでい》制も廃止して負担軽減をはかります。さらには墾田永年私財法を制定し、土地の再開発を促すなど、現実路線を推進します。この諸兄政権で重用されたのが吉備真備、玄昉でした。

この時期、日本は新羅との対立を深め、七五三年には唐で席次を争う外交戦も展開されていました。吉備真備はその異例の重用を警戒され、いったん中央から外され、七五四年には九州で大宰大弐《だざいのだいに》となりますが、そこでは新羅への対抗策に尽力しています。

この時期は、まだ唐・新羅との緊張関係をはらみつつ、パンデミックからの国力回復という困難な課題に取り組まなければならなかったといえるでしょう。そうした難局だからこそ、家柄とは関係なく、遣唐使留学生という優秀な人材を登用する実力人事が行われたといえます。

唐の混乱で外圧が弱まる

では平安期になって、その遣唐使がなぜ廃止されたのか。唐の治安の悪化などさまざまな理由が指摘されますが、私はいちばん大きかったのは「外圧」が弱まったことだと考えます。

「白紙に戻す遣唐使」で、八九四年に遣唐使が廃止されたと記憶している人も多いでしょうが、重箱の隅をあえてつつくならば、このとき決められたのは「遣唐使の延期」でした。しかし、その後、再開されることはなく、もはや渡唐の意欲も失われていたので、実質上の廃止といえるでしょう。そもそも二十年に一度をめどに行われていた遣唐使でしたが、時代が平安に移り九世紀に入ると、二十五年、三十四年と間が空くようになり、八三八年からは五十年あまりも中断したままだったのです。

そして八九四年、五十六年ぶりに計画された遣唐使でしたが、遣唐大使に選ばれた菅原道真は、唐の情勢不安などを理由に中止を建議します。そのまま九〇七年に唐が滅亡し、遣唐使は廃止となりました。

たしかに八七五年に唐では黄巣《こうそう》の乱が起きて、全国的に反乱が広がるなど混乱した情勢が続いていました。ただ、それをいうなら、七五五～七六三年には唐を大きく揺るがす安史の乱が起きています。時の皇帝、玄宗が長安から四川に逃れるほどの大混乱でしたが、遣唐使は行われていました。

道真は「もはや唐に学ぶべきことはない」とも主張しています。たしかに唐は弱体化していましたが、まだまだ彼我の文明には大きな差があったと思います。

では、遣唐使廃止のホンネの理由は何か。私は、日本の指導者たちが「もう唐には日本を攻めてくる余力はない。大陸からの脅威は去った」と感じたことではなかったかと考えています。

さらに八世紀後半には緊張関係にあった新羅も、九世紀になると内紛を起こし、日本を攻めるどころではなくなります。「外圧」がなくなると、途端に緩む。もともと遣唐使は無事に帰還できたのはおよそ六割、四割は帰らないという高いリスクのある事業でもありました。

摂関政治の開始と道真の左遷

興味深いのは、この時期が藤原北家が台頭し、いわゆる摂関政治が行われ始めた時期でもあることです。先に述べた藤原四兄弟の子孫、藤原四家（南家、北家、式家、京家）のうち、相次ぐ政争に勝ち残ったのが次男、房前《ふささき》の子孫である北家でした。娘を天皇の妃とし、男の子が生まれると天皇の位に即ける。こうして北家は絶大な権力をふるうようになります。藤原良房は皇族以外で初めての摂政となり、良房の跡を継いだ基経は陽成天皇を廃し光孝天皇を即位させ、自らは関白となる。その後も時平、忠平、道長、頼通と、北家は天皇の外戚として二百年近くも朝廷を牛耳っていきます。これは「外圧」の消失と無関係ではないと思います。外からの脅威がなくなったことで、内向きの政争だけとなり、世襲原理がはびこっていく。そう考えると、理解できます。

皮肉なのは、遣唐使の中止を建議した菅原道真が、実力で出世した、いわば最後の人だったことでした。もともと菅原氏は紀伝道（文章道《もんじょうどう》）を家業とする学者の家です。

当時の貴族たちは四つの学問を修めることになっていました。一番目は漢文学や歴史学の「文章道」。二番目が儒学の「明経道《みょうぎょうどう》」。三番目が法律の「明法道《みょうぼうどう》」。最後が算術の「算道」です。式部省の大学寮という育成機関があり、それぞれ文章博士、明経博士、明法博士、算博士と呼ばれる専門家が貴族の子弟に教えていたのです。この博士の職も世襲となっていて、文章道では菅原氏と大江氏、明経道は中原氏と坂上氏、算道は小槻《おづき》氏と三善《みよし》氏などが代表的な存在でした。このうち明経博士、明法博士、算博士の位階は六位です。文章博士は最も格が高く別格で、五位以上に進むことができました。なかでも菅原家は参議となることもありました。

道真は文章博士となったあと、国司として讃岐国に赴任、都に戻って宇多天皇に登用され、天皇の秘書役である蔵人頭に任じられます。最後は右大臣にまで登りますから、普通ならばあり得ない大抜擢でした。

これには理由があります。道真を登用した宇多天皇は、この時代では例外的に、母親が藤原氏出身ではなく、皇族出身だったのです。宇多天皇は道真以外にも源能有《よしあり》など藤原北家ではない人物を重用し、さまざまな改革を行ったとして、のちに「寛平の治」と評価されました。

八九七年、宇多天皇は醍醐天皇に譲位し上皇となりますが、醍醐天皇にも道真を用いるよう勧めています。そしてついに八九九年、右大臣就任。藤原北家のトップ、時平と肩を並べます。道真とすれば、これは有難迷惑だったかもしれません。時平をはじめとする上級貴族たちは、道真への反感を募らせ、九〇一年、「宇多上皇を惑わせた」として、大宰権帥《ごんのそち》に左遷させてしまいます。

　吉備真備と同じようなコースにみえますが、真備は大宰大弐で実質的な大宰府のトップ。道真は権帥で名目上はナンバー2ですが何の実権も与えられませんでした。これも新羅との対立という「外圧」があった真備の時代と、外に敵がいなくなり、「実力」が必要なくなってしまった道真の時代の差だったといえるかもしれません。

? 貴族の地方放置が武士を育てた

平将門の乱を再評価する

ここで再び目を東国に転じてみましょう。先に述べた坂上田村麻呂による東北遠征が八世紀末から九世紀のはじめのことでした。それから百数十年が過ぎ、平安中期の東国に大きな事件が起こります。平将門の乱です。将門は九三五年ごろから一族との争いを続けていましたが、九三九年、常陸国の国衙を焼き払い、「新皇」を名乗って朝廷と正面対決に至ります。

この将門の乱は、地方武士同士の相続をめぐる争いがエスカレートしたものに過ぎない、と位置付けられることもありますが、はたしてそうでしょうか。

たしかに将門の乱はわずか二カ月ほどで鎮圧されてしまい、時の朝廷を揺るがすようなものではありませんでした。また将門自身にもどこまで朝廷に反する意図があったかはっきりしません。

しかし、私はこの将門の乱を、大きな歴史の変化を示す事件だと考えています。それは、朝廷とは別の体制が東国に生まれる可能性を示した、最初の出来事だと考えるからです。

地方は搾取の対象でしかなかった

平安期の貴族がどのように地方を統治したのか？――この問いに一言で答えるなら、「貴族は地方を統治などしていなかった」となるでしょう。

この時期になると、律令によって定められた令制国に国衙が設置され、中央から地方官として「国司」が派遣されます。律令体制のタテマエでは、国司は班田収授制を実施し、部内巡行といって、郡司がちゃんと仕事をしているか監査したり、勧農をおこなったりするために、任地を視察して回ることも義務付けられていました。ところが平安期になると、国司の主務は税を集めて、中央に送るだけになります。つまり、統治ではなく、搾取です。しかも、一定の租税額を朝廷に納めれば、あとは国司の取り放題でした。

当時の有名な逸話があります。ある良吏が国司として派遣され、都に帰るときには船を二艘仕立てた。一艘には国司の報酬として得た財宝を載せ、もう一艘には仕事以外で得た不正な蓄財を載せたところ、途中で後者の船が沈んでしまいました。やっぱり悪いことはできませんねというお話ですが、興味深いのは、このエピソードの主人公が、「良吏」とされていることです。決められている額の二倍を取るくらい、まだましな方だというわけです。

国司の任期は長くて四〜五年。その間、出来る限りの蓄財に励むのが当時の一般的な国司のあり方でした。逆にいえば、中央の貴族が目の色を変えて蓄財に没頭するほど、地方は生産力をつけてきたともいえます。

それでも当初はまだ、貴族が自ら国司として赴任していました。ところが平安も中期以降になると、自分は都にとどまったまま、任地には家臣たちを派遣して、租税だけを送らせるようになります。これを遥任《ようにん》国司といい、むしろ一般的なやり方になるのです。

このとき国司が任国に送り込んだ下級の官人たちを「目代《もくだい》」といいます。一方、それぞれの国衙には地元の在地領主たちが役人（在庁官人）として、目代の指揮のもと、土地の管理や徴税などを請け負います。つまり、実質的に地方を支配していたのは、目代＝中央から派遣された下級官人と、在庁官人＝在地領主たちだったのです。

そして、彼らのような、地方で勢力を伸ばした在地領主や、都ではうだつが上がらず地方で勢力を広げた者たちの間から生まれてきたのが「武士」でした。

彼らは自ら土地を開墾し、農地として経営しますが、先にも述べた通り、国衙によって「公の土地」として押収されてしまったり、近隣の在地領主から狙われたりするリスクに常にさらされていました。そのため、中央の貴族や大きな寺社を頼って土地を寄進するのですが、寄進先はただ口利きをするだけで、実際に国衙や隣人たちの侵略を受けたときには何の助けにもなりません。基本的には、自分の土地は自分で守るしかない。自衛のために武装し、徒党を組む。武士の誕生です。その代表選手が平氏であり、源氏でした。

関東に先に進出した平氏

源頼朝が鎌倉幕府を開いたことから、関東＝源氏、関西＝平氏というイメージがありますが、これは正しくありません。そもそも頼朝を支え、のちに鎌倉幕府のトップに君臨する北条氏は平氏を名乗っていましたし、三浦氏、上総氏、千葉氏、畠山氏といった関東の有力御家人たちはいずれも平氏でした。平氏は源氏より先に関東に進出し、土着の勢力となったのです。

関東で資産を蓄積した平氏の中から、より豊かで都に近い土地を求めて、伊勢や伊賀（現在の三重県）に拠点を移したのが伊勢平氏です。この伊勢平氏から、平正盛、忠盛、清盛が出てついには実権を握るようになるのです。そして、空きの出た関東に遅れて入ってきたのが源氏でした。

平氏のルーツは、天皇を祖に持つ貴族です。なかでも武士として実力をつけていったのは、桓武天皇のひ孫にあたる高望王《たかもちおう》（平高望）に始まる桓武平氏でした。ちなみに同じ桓武天皇をルーツに持つ平氏でも、桓武帝の孫、平高棟の一族は中央で貴族として生きていきます。

桓武平氏の祖、平高望は八八九年に上総介に任じられます。遥任はせず、長男の国香《くにか》などを伴い上総に赴いた高望は、任期が過ぎても都に戻らず、一族はそのまま土着し、在地領主となるのです。将門は、その高望の孫にあたります。

将門の乱を征したのも東国武士だった

将門の時代、平氏は大きく三つの層に分かれていました。

第一に、都で出世し、貴族として暮らしていける平氏。第二に、都で食いはぐれ、地方に活動の拠点を移さざるを得なかった下級貴族の平氏。そして、地方に土着して、在地領主となった、もはや貴族とは呼べない平氏。

将門は第二のタイプで、一度は京都に帰り、有力貴族に仕えます。将門を衛士として抱えたのが、藤原時平の弟で後に摂政・関白を務める忠平でした。

父・良将《よしまさ》が若くして亡くなったために関東に戻った将門でしたが、父の土地の多くは伯父の平国香、叔父の平良兼らに奪われていました。ここから将門の戦いが始まります。父の土地を取り戻すべく、九三五年には国香を討ち、良兼とも争いを続けるのですが、問題はこの良兼が父・高望を継いで上総介に任じられていたことでした。つまり、将門は国司にたてついた＝朝廷に弓を引いたことになるのです。しかし、このときは、将門は都に呼び出され、検非違使庁で取り調べを受けたものの、軽い刑に処されただけで、恩赦によって関東に帰ってこられました。結局は関東の身内の争いに過ぎない、とみなされたのでしょう。朝廷の地方軽視をあらわしているともいえます。

九三九年、関東に戻った将門は、武蔵国に新しく赴任した国司と、地元のボスである郡司との争いに介入します。こうして在地領主たちの信頼を集めた将門は、関東八カ国（下野、上野、常陸、上総、下総、武蔵、安房、相模）に勢力を広げ、自らの弟などを国司に任命し、自分は「新皇」、すなわち新しい天皇として名乗りを上げたのです。

もっとも関東独立といっても、将門のつくった「政権」は、朝廷の模倣でしかありませんでした。新しく「国家」をつくろうにも、朝廷以外には、何のモデルもなかったのです。

これは後の鎌倉幕府を考えるうえでも重要なポイントになります。京都の朝廷は、遠い関東のことなど真面目に統治する意欲もなく、関心もほとんどないままに、搾取だけを続けようとしている。東国には東国の実情に合った統治が必要だ。しかし、いまのところ、朝廷のつくっている秩序から外へは出られない……。このジレンマを解決するまでには、まだまだ年月が必要だったのです。

平将門の乱でもうひとつ重要なのは、「誰が将門を倒したか？」です。九四〇年、朝廷は将門の乱平定のために、参議の藤原忠文を征東大将軍に任命します。しかしこのとき忠文は七十歳近く、兵力も与えられず、まさに名目だけの征東大将軍でした。しかも、忠文が関東に到着する前に、反乱は鎮圧されていました。

実際に将門を倒したのは、平国香の長男、平貞盛と、その母方の叔父で下野の在庁官人だった藤原秀郷《ひでさと》です。将門の王国は二カ月しか持ちませんでした。もっともこの藤原秀郷も将門の乱の前に、国衙に逆らって流刑を宣告されたり、追討命令を出されたりした、いわば〝将門の同類〟のようなものだったといえるでしょう。秀郷は下野・武蔵の国司、鎮守府将軍となり、貞盛も鎮守府将軍、丹波、陸奥の国司を歴任し、奥州にもその勢力を伸ばしています。

東国武士の反乱を鎮圧したのは、朝廷ではなく、同じ東国武士だった。私はこのことの意味は小さくないと考えます。結局、朝廷は無力だった。そして、東国には将門のような武士たちがいくつも存在していた。さらに彼らの勢いは奥州にも向かいつつあった。これらの事実は、東国に、朝廷のコントロールを超えた、新しい勢力が育ちつつあることを意味していました。

? 実はもろかった摂関政治

この世をば我が世とぞ思ふ望月の欠けたることもなしと思へば

あまりにも有名な藤原道長の歌です。藤原実資の『小右記』一〇一八年十月十六日の条に記されたものです。道長は長女・彰子を一条天皇の皇后に、次女・妍子《けんし》を三条天皇の中宮、三女・威子《いし》を後一条天皇の中宮とします。彰子は後一条天皇、後朱雀天皇を生み、道長は天皇の外祖父として摂政となって、絶大な権力をふるいました。冒頭の歌は、威子の立后の日に詠まれたものです。

藤原摂関政治の全盛期は、道長と、その子、頼通の時代だったといわれます。頼通が関白を辞するのが一〇六七年ですから、八六六年の藤原良房の摂政就任以来、およそ二百年間も続いたことになります。

この間、藤原氏を母に持たない天皇は、菅原道真を起用した宇多天皇だけでした。そして、一〇六八年、宇多天皇からなんと約百七十年ぶりに藤原氏と関係のない天皇が即位します。それが後三条天皇でした。この後三条天皇の代になって、天皇が自ら政務を掌握する天皇親政が目指され、藤原氏の発言力は低下していきます。そして、後三条天皇を継いだ白河天皇は、譲位後も上皇として実権を握る院政へと、時代はあっという間に変わっていきました。

ここでひとつの疑問です。なぜ盤石だったはずの摂関政治は、その「全盛期」から一気に崩壊し、院政の時代になってしまったのでしょうか。「我が世」はなぜかくも速やかに陰ってしまったのでしょうか。

この問いには簡単に答えられます。「藤原本家に女の子が一人しか生まれず、次の天皇の母となれなかったから」。頼通はたった一人の娘を後冷泉天皇（後朱雀天皇の子）の皇后にしましたが、男の子に恵まれませんでした。

実は、このシンプルな答えは、摂関政治というものの本質をあらわしていると考えます。つまり、摂関政治とは、まず、たまたま女の子がたくさん生まれたら、次々に天皇家に嫁がせ、その上で、たまたま男の子が生まれたら天皇にする、という偶然性に頼った、まことに脆弱《ぜいじゃく》な権力基盤しか持たない支配だったのです。

藤原氏が強大な権力を握り続けた二百年の間に、彼らが取り組むべきだったのは、次の天皇の母が藤原氏出身であるかどうかにかかわらず、政権を維持できるような統治システムを構築することだったはずです。しかし、そうした試みがなされた節はありません。

よく考えてみれば、天皇を生んだ女性の実家が権力を司るということには、別段、必然性はありません。平安期の朝廷というグループ内のルールであり、秩序に過ぎないともいえます。それは朝廷というグループの内部では、疑われることすらなかった前例だったのですが、「藤原氏とは無関係の天皇」というささやかな変化にも耐えられなかった。そう考えることができるでしょう。

後三条天皇の放った一撃

では後三条天皇は何を変えたのか。藤原摂関家に最大のダメージを与えたのは、一〇六九年に発布した延久の荘園整理令でした。荘園整理令とは正規でない手続で成立した荘園を整理・停止するもので、これまでにも何度か出されてはいましたが、延久の荘園整理令の特徴は、学者の大江匡房《まさふさ》らを起用し、記録荘園券契所（記録所）を設置、さらには対象を摂関家領、大寺社領に広げたことでした。正しくないと判定された荘園は没収され、どんどん公地とされてしまいました。これにより、藤原氏は荘園の三分の一を失うことになります。

天皇親政を志した後三条天皇としては、この荘園整理令には、天皇を中心とした律令的秩序の回復という目的があったでしょう。ところが、事態はさらに動いていきます。荘園を運営する在地領主たちは考えます。摂関家も大寺社も頼りにならないのなら、誰に頼ればいいのか。荘園整理が天皇の命で進められるのであれば、それを上回る権威はないものか。そこで見いだされたのが上皇でした。

後三条天皇の子、白河天皇は、上皇になると、数多くの荘園の寄進を受けます。そして自らが建てた寺の所領として、莫大な富を貯め込むようになりました。いわばトンネル会社です。

鎌倉時代になると、この「上皇による荘園経営」はさらに拡大します。当時、上皇や天皇の娘である内親王は独身のまま一生を過ごすのが通例でした。独身ということは、相続する子孫がいないということです。そこで皇室は内親王を一代限りの荘園領主として、そこに数多くの荘園を集約していきました。二百二十以上の荘園を持つ八条院領、百八十の荘園を有する長講堂領などがその代表で、いずれも内親王が管理するものでした。

しかし、この「朝廷の保有する荘園」は律令の大原則「公地公民」の自己否定にほかなりません。上皇ならば、天皇ではないから構わない、という理屈も、本来ならば成り立たないはずですが、白河上皇はそれを押し通してしまいました。この荘園による経済力が、院政を支えることになるのです。

母方重視から父方重視へ

次に家族制度という観点から見てみましょう。

古代日本の家族制度を考えるうえで重要な仮説が、「招婿婚《しょうせいこん》」です。これは女性史研究の第一人者で詩人でもあった高群逸枝《たかむれいつえ》さんが提唱した概念で、平安期の文学によく登場する家族関係を分析したものでした。それによると、平安期には、女性はずっと生家で暮らし、男性がそこに通ってくる、という婚姻形態（通い婚）がとられていました。そして、子どもが生まれると女性の家で育てられ、母方の財産を相続する、というものです。

この招婿婚理論の是非については、私の中でもまだ答えが出ていません。この理論で非常にうまく説明できる部分と、あまりうまく説明できない部分があるからです。たとえば天皇家にしても、藤原家をはじめとする貴族の家にしても、家督は基本的に父から息子へ、男系で継承されています。その一方で、摂関政治の基礎となった、母方の父や祖父が持つパワーは、母方の優位を説く招婿婚理論がうまく適合します。

　では、武士の家族形態はどうでしょうか。武士といえば、父から子への男系が圧倒的に優位だというイメージがありますが、これは江戸時代以降につくられたものかもしれません。というのも、平安・鎌倉時代の武士たちには母方の影響力がとても強いからです。たとえば、のちに源氏政権の本拠地となる鎌倉。これは平安中期に源義家の父、源頼義が、桓武平氏の当主だった平直方から与えられたものです。なぜ平氏の当主が源氏に所領を与えたのかといえば、頼義の妻が直方の娘だったから。このように、妻の父親から所領をもらうケースは少なくありません。

　また鎌倉武士にとっても、「妻の実家」は特別な存在でした。ＡというからＢという家が妻を迎えます。すると、ＡがＸという家と争いになったとき、Ｂは必ずＡに加担して、何の恨みもなくてもＸと戦わなくてはなりません。そうしないと、武士の風上にも置けないやつ、ということになります。

　話を平安期に戻すと、母方の外戚が権力を持つ摂関政治に対して、その次に来た院政は対照的に父方重視です。いくら律令で、すべての人や土地は天皇のものだとされていても、天皇家という家においては、父が絶対に偉い。だから上皇は天皇より偉い、というわけです。

これは儀式にもあらわれています。天皇が上皇に挨拶にいく「朝覲《ちょうきん》行幸」です。これは天皇が親に対して行う拝礼ですが、天皇から上皇の住む御所に出向き、必ず門の前で乗輿《じょうよ》から降りて、歩いて御所に入らなければなりませんでした。あくまで上皇が上、天皇が下なのです。

また上皇が行使し得る最大の権力は、天皇に対する人事権でした。上皇が後継の天皇を指名するのです。これも父が跡継ぎを決めるという家父長権に由来しています。

こうしてみると、摂関政治から院政へという変化には、母方重視の招婿婚的世界から、家父長権が強大な男系的世界へという、より根底的な変化があったとも考えられます。

?「武者の世」が到来した理由

〈保元元年七月二日　鳥羽院失せさせ給ひて後、日本国の乱逆と云ふことは起こりて後、武《む》者《さ》の世になりにける也。（略）まさしく王臣都の内にてかかる乱は鳥羽院の御時まではなし。かたじけなくあはれなる事也〉

鎌倉時代の初期、天台宗の僧侶、慈円が著した史書『愚管抄』の、これまた有名な一節です。慈円は父の藤原忠通、兄の九条兼実が摂政・関白を務め、自らは天台座主を務めた、この時代最高の知識人の一人でした。鳥羽上皇の崩御後、朝廷は後白河天皇方と崇徳上皇方に二分され、ついに衝突したのが一一五六年の保元の乱でした。慈円はこの乱によって「武者の世」になった、と述べています。

地方で力をつけてきた武士が、いよいよ都の政争に登場したのが保元の乱と、それに続いた平治の乱（一一五九年）でした。この二つの乱によって、平清盛率いる平氏は一気に政治の主導権を握ります。周辺の存在だった武士が歴史を左右するメインプレイヤーに躍り出たのです。

失敗続きの源氏と中央に進出する平氏

では、この歴史の大転換はどのように起きたのでしょうか？

その主役が源氏と平氏だったことは間違いありません。まずは関東進出に出遅れた源氏の動向を押さえておきましょう。

源氏の本流となったのは、河内源氏と呼ばれる河内（現在の大阪府）を拠点とした一族でした。河内源氏の祖とされる源頼信は一〇二八年に房総地方で起きた平忠常の乱を鎮め、その子である頼義は、息子の義家とともに、一〇五一〜一〇六二年に陸奥で起きた前九年の役で東北の豪族安倍氏を倒します。そして義家は陸奥守となって、続く後三年の役（一〇八三〜一〇八七年）で陸奥・出羽を支配していた清原氏を倒し、東国に基盤を築くのですが、この後三年の役は朝廷の公認を得ないままにやったために、「何を勝手なことをしているんだ、戦争のせいで徴税も滞ってしまったじゃないか」と責められ、戦後の論功行賞はなされませんでした。

このあたりが、源氏の「戦争は得意だが政治は下手」と思えるところです。しかも義家の息子の義親は、任地の九州で掠奪を行ったうえ、官吏を殺してしまい、隠岐へ島流し。

出雲に戻ってきたものの、また掠奪、殺害で、ついには討伐されてしまった。その次の代の為義も不祥事続き。少し後の話になりますが、最後は保元の乱で崇徳上皇側につき、一発逆転を狙うも失敗、息子の義朝の手で処刑されるというありさまで、せっかくの東国の基盤もいったんは手放してしまいます。それに対して、関東に下り、現地の豪族たちとの絆を回復していったのが、頼朝の父である義朝でした。

一方、伊勢に拠点を移した平氏たちはというと、中央貴族に次ぐポジション、つまり国司などに就任する地方貴族としての地位を固めていきます。平氏は資産づくりがうまく、国司を歴任しながら着実に財産を蓄え、中央との太いパイプをつくっていくのです。

伊勢平氏の祖とされるのは平維衡《これひら》で、将門の乱を平定した貞盛の子にあたります。関東の国司を歴任しつつ、伊勢に拠点をつくった。その後、正盛の代になると、白河上皇に荘園を寄進したりして、上皇を護衛する北面の武士となって、検非違使、追討使も歴任する。

その息子である忠盛は、白河、鳥羽両上皇を武力で支えるポジションを押さえ、諸国の国司を歴任、最後は当時、最も豊かな地域で、序列的にもトップである播磨守にまで登ります。日宋貿易にも着目し、瀬戸内海の海賊を取り締まり、降伏した者は自分の配下に収めるというやり手ぶりでした。

そして忠盛の子が、平清盛です。清盛が一一一八年生まれ、源義朝が一一二三年生まれで、広い意味で同世代といえますが、二人の境遇はまるで違う。清盛は時の権力者である上皇の覚えもめでたい、大金持ちの一族の御曹司。かたや義朝は失敗続きで、東国で一からやり直し。そんな状況で起きたのが、保元の乱だったのです。

信西が開けた、軍事という「パンドラの箱」

「政争には武力を持ち込まない」。これが平安期の不文律ともいうべきルールでした。というよりも、武力を使いこなすというスキルが、平安期の貴族からは失われてしまっていたのかもしれません。

その平安三百五十年の伝統を破ったのが、後白河天皇のブレーン藤原通憲《みちのり》（信西）でした。信西は平清盛、源義朝らを味方につけ、軍事的な優位を確保して、崇徳上皇方を打ち破ります。私はこの保元の乱によって、朝廷は軍事というパンドラの箱を開けてしまったのだと考えています。政争の帰趨《きすう》が武力によって決まるのであれば、より強い武士が味方したほうが勝つに決まっている。そうなると、結局、決定権は武士が握っているのではないか。少なくとも平清盛はそう考えたのではないでしょうか。また朝廷側も、武士の扱いに細心の注意を払わなければならなくなります。

そこで興味深いのは、乱の後の論功行賞です。義朝は、崇徳側についた父の為義、弟の頼賢、為朝とたもとを分かち、関東武士団を率いて奮戦したのですが、戦後の恩賞は従五位相当の左《さ》馬頭《まのかみ》どまり。一方の清盛は播磨守、のちに大宰大弐に任命されます。大宰府は九州九カ国を統括する組織なので、播磨国よりさらに格上ですから、地方官としては頂点を極めたことになります。しかも当時の経済における大動脈だった瀬戸内海の両端を押さえたことになる。源平の格差は、保元の乱でむしろ広がったといえるでしょう。

保元の乱で政権を握った後白河天皇・信西は荘園の整理を中心とするさまざまな改革に着手しますが、その実現のために、ますます北面武士における最大勢力である平氏への依存を強くしていきます。ところが二条天皇への譲位を機に、後白河上皇と信西の間に亀裂が生じると、後白河上皇は藤原信頼を重用します。信頼の一族の知行国が武蔵国、陸奥国であったことから、信頼は東国を基盤とする源義朝と深い関係にありました。

こうして信西・平氏連合と藤原信頼・源義朝を中心とするグループがぶつかり合ったのが平治の乱でした。

平家政権は「武士の政権」だったのか？

この戦いの勝者は平清盛だったといえるでしょう。平氏一門の知行国はさらに拡大したばかりか、平治の乱によって源義朝をはじめとする有力武士が排除されたこともあり、軍事、警察に関しても、ほぼ平氏の一人勝ち状態となります。つまり清盛は経済的にも、政治的にも最大の実力者となったのです。

それに伴い、清盛の官位も上がりました。それまでいくら平氏が強大な勢力になったとはいえ、あくまでも地方官どまりだったのが、参議に任命され、武士として初めて公卿の地位に就いた――教科書などではそう解説されるはずです。

ちょっとまってください。ここで新たな問いです。このとき、平清盛ははたして「武士」だったのか？　そして平家政権は「最初の武士政権」といえるのでしょうか？

たしかに平氏は武力と経済力、そして政治力で勢力を拡大してきました。しかし、平治の乱以後、政権を見据えた清盛の打った手は、むしろ中央貴族の手法に近いといえます。

清盛が後妻として迎えた時子は二条天皇の乳母でした。そのため清盛は二条天皇の後見役を務め、後白河院や摂関家とも縁戚関係をつくっていきます。時子の妹、滋子は高倉天皇の母となり、清盛の娘、徳子は安徳天皇を生みます。藤原の摂関政治となんら変わりません。そして、清盛は権大納言、内大臣、太政大臣と昇進を遂げ、息子の重盛、宗盛も内大臣になるなど、中央の公達となっていきます。

この時点で、平氏はすでに軍事力で都を支配するという「新しい貴族」となって、「新しい朝廷政治」をおこなっていたのではないでしょうか。

そう考えると、「源平の戦い」とされてきた治承・寿永の乱（一一八〇〜一一八五年）も、違った像がみえてきます。

一一七九年、清盛は後白河上皇を幽閉し、平家政権を樹立します。それに対し、翌一一八〇年、以仁《もちひと》王が平家打倒を呼びかける令旨《りょうじ》を出し、各地の武士たちが続々と蜂起します。そのひとりが源義朝の遺児、頼朝であったことはよく知られる通りですが、このとき立ち上がったのは源氏だけではありません。肥後の菊池氏や伊予の河野氏、北陸の在庁官人たちのように、単独で兵をあげたグループもありました。興味深いのは、源氏の旗のもとに集まったケースも含め、多くが攻撃目標としたのは各地の国衙であり、挙兵した武士たちはその地域の支配権を握ろうとしていたのです。頼朝らも、最初に攻めたのは伊豆国の目代でした。

つまり治承・寿永の乱とは、源氏vs.平氏という一族の対決ではなく、在地領主vs.朝廷政権だったのではないでしょうか。この乱に参加した多くの武士たちが目指したのは、中央の政治から平家を排除することではなく（後白河上皇はそう願っていたでしょうが）、それぞれの土地で自分たちの在地権力を確立することだった。それを実現するために、東国の武士たちの結集の旗印となったのが、義家以来のよしみがあり、義朝が必死に関係を再構築した「源氏」だった。そう考えると、やはり最初の武士政権は、関東武士が自前で始めた鎌倉幕府ということになりそうです。

第四章　鎌倉時代

? 関東武士はなぜ頼朝を担いだのか

冒頭の章で、日本史を見る視点の一つとして「実力か権威（世襲）か」を挙げました。そして時代によって実力主義が前面に出てきたり、権威が力を持ったりする。日本では外圧などの危機がない場合には、権威が重視されることが多い、と。二百年あまり続いた摂関政治なども外からの敵がないから成立したシステムとも呼べないシステムだといえるでしょう。

では、武士の世はどうでしょうか？

武士たちの生きているのは、厳しい自力救済の世界です。最終的には、軍事力、もっといえば暴力というリアルパワーに裏打ちされた者だけが生き残る。そこでは、権威などというぬるいものは存在せず、実力による淘汰が起きていたはずだ、と、まずは考えてみました。

しかし、歴史的な事実をいろいろと考え合わせると、この仮説をもう一度考え直す必要があるように思えてきました。それは、「もし関東武士たちが権威よりも実力を重んじるとしたら、なぜ源頼朝をリーダーとして担いだのだろうか」という問いです。

頼朝は、先にも述べた源義家を祖先に持ち、平治の乱で敗れた義朝の嫡男として生まれました。三番目の息子だったのですが、母が熱田神宮の大宮司の娘という家柄の良さもあり、生まれたときから、源氏の跡取りとみなされていたのです。

平治の乱以前の源氏であれば、関東の武士団をまとめあげ、中央の政争で存在感を発揮する頼もしいリーダーだといえます。しかし、頼朝は一敗地にまみれ、領地もない、親兄弟も死ぬか離れ離れで、家来もほとんどいない。時価評価でいえば、戦闘力ゼロにちかい、一介の流人です。ただし権威はある。「源氏の嫡男」であり、「義家以来の武士の棟梁」という看板です。だとすれば、武士たちもやはり権威に弱い〝ぬるい人たち〟だったのでしょうか。

たしかに関東武士も権威を重んじました。しかし、それは「権威に弱い」というのとは一味違う、強《したた》かなものがあったように思うのです。

千葉常胤の切った「源氏カード」

それをよくあらわしているのが、頼朝のところに参じたときの千葉常胤《つねたね》の行動です。下総の有力な在庁官人である千葉常胤は、保元の乱に動員され、義朝の指揮のもと戦った経験もありました。この常胤のもとに、源頼隆という子どもが配流されてきます。この頼隆の父は、源義家の末っ子だった義隆です。義隆は平治の乱で義朝に味方し、彼をかばって戦死した人物でした。

常胤はこの頼隆を大事に育てます。そこに、平氏打倒の旗をあげた頼朝があらわれた。常胤はどうしたか。頼朝に「あなたの家来となり、命をかけて戦います」と誓い、主従の関係を結んだあと、連れてきた頼隆を「この若者は源氏の一門ですから、頼朝様を助けるでしょう」と頼朝に差しだしたのです。

つまり、常胤は源氏の名門出身である頼隆を「いずれ使えるのではないか」と考え、大事に扱ってきました。義家の孫を庇護することで、自分を権威付けようとした、ともいえるでしょう。ところが、そこに源氏の嫡男という、もっと権威のある人物が登場すると、常胤はためらうことなく、そちらに乗り換えたのです。頼朝の家来になってしまえば、頼隆はもう必要ありません。むしろ、これ以上頼隆を大事にしていると、「オレと頼隆、どちらが大事なのか」という選択を頼朝から迫られることになっては都合が悪い。そこであっさり頼隆を手放した。つまり、常胤にとって源氏という権威は、自分を有利にするためのカードとして重んじているのであり、もっといえば利用しているのです。

先にも述べたように、当時の関東武士たちが求めていたのは、自分たちの土地に対する「権利」を保証してくれるものでした。彼ら在地領主たちが拓いた土地を脅かすのは、国衙の官人たちであり、そのバックには朝廷という権威がついていました。関東武士たちは、遠く京都にいて自分たちに何の関心も持っていないような中央の人々ではなく、自分たちとともに戦い、自分たちが選んだリーダーが、自分たちの土地を安堵してくれることを求めていたのです。その期待に応えたのが頼朝でした。

頼朝の「外交力」

では、源氏の嫡男という権威のほかに、頼朝にはどんな力があったのでしょうか。それを確認するために、頼朝旗揚げからの足跡を簡単に追ってみたいと思います。キーワードは朝廷との対峙です。

一一八〇年八月、北条時政に伊豆の目代を襲撃させた頼朝は、石橋山の戦いで敗北するも、船で安房に脱出、安西景益の手引きを得て、房総に勢力を持つ上総広常と千葉常胤を味方につけます。さらに武蔵国に入ると足立遠元、葛西清重が加わり、葛西と同じ秩父氏一族である畠山重忠、河越重頼、江戸重長らが参集、そこに頼朝と呼応して挙兵した三浦一族も合流して、十月六日、鎌倉に入る。この段階で、初期の頼朝政権を支える主だったメンバーの大半が顔をそろえることになります。

　これに対し、平家は平維盛を総大将とする追討軍を派遣しますが、頼朝軍はこれを富士川の戦いで迎え撃ちます。戦いに勝利した頼朝はこのまま京都へ進軍しようとしますが、「そのほかの驕者、境内に多し」、まだ東国に逆らう武士たちがたくさんいるではないか、と上総広常や千葉常胤らの反対を受けると、なんと直ちに馬首をめぐらし、東国の平定を優先、常陸国の佐竹氏討伐に向かったのです。そして、このとき頼朝ははじめて配下の関東武士たちに論功行賞を行っています。上総広常をはじめとする関東武士が求めたのは、平家の中央支配の打破などではありませんでした。まず「境内」すなわち東国を固めること、そして自分たちの土地支配を保証してもらうことだったのです。

　興味深いのは、一一八一年七月、頼朝が後白河上皇に使いを送り、平家との和睦を提案していることです。この時期、頼朝は東国支配を実現するために、佐竹氏らとの戦いを優先していました。この和睦は、平宗盛に拒否されますが、頼朝による対朝廷外交のはじまりともいえるでしょう。

一一八三年になると、頼朝は関東の敵対勢力をほぼ平定し、御家人の土地の保証（本領安堵）、敵から没収した所領の分配（新恩給付）を進めます。一方、京都には源義仲の軍勢が攻め入り、平氏一門を駆逐しましたが、朝廷や都の人々からは不評を買います。そこで後白河上皇は義仲に平氏追討を命じて、西国に送り、かわりに頼朝に都に来るように求めましたが、頼朝は使者を帰してこの要請を断ります。

それに対し、後白河上皇は、平治の乱の敗戦で失った父・義朝の所領を頼朝に戻し、東海道と東山道の徴税権や裁判権を認める内容の宣旨を下します。はじめは東国の反乱勢力、つまりは朝敵だった頼朝を公式に認めることによって、朝廷に取り込もうというわけです。

ここまででもわかるように、頼朝が行ったのは、まず関東の武士たちの土地の保証であり、次に朝廷との交渉でした。

在地領主の土地を脅かす官人たちを撥《は》ねつけるには、最終的には朝廷と「話をつける」必要があります。そのスキルは、当時の東国武士たちには望むべくもありませんでした。そのなかにあって、都生まれ都育ちの頼朝は、朝廷との交渉＝外交ができるという「実力」を発揮したのです。

頼朝の対朝廷外交は、平家滅亡後、弟の源義経の処遇をめぐって、さらに鋭く展開されました。

頼朝の基本方針は、対朝廷交渉の一元化でした。海千山千の朝廷からすれば、田舎者の関東武士を転がすなど容易なことです。彼らの術中にはまれば、東国の結束などあっさり崩れてしまう――と、頼朝は警戒を強めます。平家を倒すために攻め込んだ弟・源範頼にも都に駐留することを禁じ、朝廷から官位などを受ける際にも、必ず頼朝を通すことを徹底させました。これに反して朝廷からの任官を受けてしまった御家人には、もう東国に戻って来るななどの最大級の叱責を与えています。そうしないと、東国に新しく生まれたばかりの主従関係は、簡単に骨抜きにされてしまうと考えたのです。

ところが、この頼朝の政策を全く理解しなかったのが、平家討伐の最大の功労者、源義経でした。平家追討のさなかの一一八四年には、頼朝に断りもなく検非違使に就任、後白河上皇から左衛門少尉の官位をもらってしまう。さらに、壇ノ浦の戦いに勝利し京に戻ってくると、今度は院御厩司に補任されます。この院御厩司は、平氏が担ってきた上皇の武力的な支えとなる役職でした。義経の数々の独断専行に、頼朝は、義経の鎌倉入りを禁じ、所領のすべてを没収するなど、断固たる処置をとるほかありませんでした。

兄弟の対立が深まるなか、後白河上皇は義経の求めに応じ、頼朝追討の宣旨を下してしまいます。この「失着」に対して、頼朝は朝廷に使者を派遣、今度は反対に、義経追討の宣旨を出させます。

さらに頼朝は圧力を強め、千騎の兵とともに北条時政を京に送り、義経の追捕のため、守護・地頭の設置を認めさせるのです。一一八五年のことでした。また、頼朝追討宣旨の責任を追及し、「天下の草創」のときにあってはならないことだと、宣旨を奉じた院近臣を解官することなどを、上皇に突きつけます。

義経を討ち、奥州藤原氏を倒した頼朝が都に上ったのは一一九〇年のことでした。このとき後白河上皇と会談し、権大納言・右近衛大将に任命されますが、翌月には、両方とも辞任します。その前年には、按察使への任官も辞退しています。

東国武士たちを統制し、朝廷との窓口を自分に一本化させる。朝廷と距離を十分に取りつつ、自分たちの存在を正当化させる。この頼朝の統率力と外交力こそ、東国政権のリーダーとして最も求められていた能力だったといえるでしょう。

？「幕府」をどう捉えるかで成立年が変わる

鎌倉幕府の成立年については、これまでの著書でも繰り返し論じてきました。しかし、この問題は「鎌倉幕府とはいかなる政権なのか？」という本質論に関わる問題であることは、あらためて強調したいと思います。単なる年号の問題ではなく、この時代に起きた変化は何だったのか、という歴史の捉え方、考え方をあらわす問題なのです。

かつて鎌倉幕府の成立は、「いい国つくろう鎌倉幕府」で一一九二年とされてきました。この年は源頼朝が征夷大将軍に任命された年です。この征夷大将軍には、足利尊氏も、徳川家康も就任しています。征夷大将軍＝武士政権のトップであり、その後も幕府のトップに引き継がれたのだから、最初に征夷大将軍に任じられた年が幕府を開いた年だ、というわけです。

「いい国つくろう」への四つの疑問

しかし、ここには大きく四つの疑問があるのです。

そもそも頼朝は死ぬまで征夷大将軍だったわけではありません。一一九二年に任命され、二年後の一一九四年には辞めてしまうのです。それ以降、武士の所領を安堵する際には、「前将軍家政所下文《さきのしょうぐんけまんどころくだしぶみ》」という言葉を使っています。さらには、並行して「前右大将家政所下文」という文書も残されています。つまり、どちらでも良かったのです。頼朝自身は征夷大将軍という地位を特別に重視しなかったといえるでしょう。さらには一一九九年に頼朝が死去すると、息子の頼家が跡を継ぐのですが、この頼家が将軍の座に就くのは一二〇二年のことです。頼朝時代から数えると八年も空位があるのですが、誰も困った節はありません。

第二に、これは櫻井陽子さんによる研究で近年、明らかになったことですが、そもそも「征夷大将軍」という官職自体、内実の伴わない、形だけのものだったのです。当時の公家、中山忠親『山槐記』と藤原資季『荒涼記』という貴族の日記の抜き書き『三槐荒涼抜書要』が発見され、そこに頼朝に征夷大将軍の肩書が与えられるプロセスが記されていたのです。

これまで頼朝が右近衛大将を与えられ、すぐに辞任したことは記しました。これは朝廷の役職です。一一九二年、後白河上皇が亡くなると、頼朝は「私を大将軍に任命してください」と朝廷に願い出ました。これは言ってみれば「朝廷のいつもの役職は不要です。東国においてより特別な存在であることを明示する官職をください」ということでしょう。朝廷はこの願いをあっさり受け入れ、新しい官職名を考えます。しかし、そこでの基準は頼朝の権力をどのように表現するかなどではなく、単に「縁起がいいか、悪いか」というものでした。

まず候補になったのは「征東大将軍」です。これは以前、源義仲に与えられたものでしたが、よくよく考えてみると、義仲は頼朝に討伐されています。あまり縁起が良くないからという理由で没になります。

次が「惣官《そうかん》」です。これは近畿地方の米の徴収権を持つ役職ですが、全体を統治する者という意味もある。しかし、これも考えてみると、平清盛の後継者だった宗盛に、源氏と戦う際に与えた官職でした。縁起が悪い、というより、いやがらせなのか、と言いたくなるようなチョイスですね。ほかに「上将軍」も候補にあがりましたが、これは中国史で登場する官職で、外国のものだからという理由で消されました。

様々な案が出される中、「昔、坂上田村麻呂が奥州平定の際に任命された名前があったじゃないか」と言い出した物知りがいました。それが征夷大将軍です。田村麻呂は任務をやり遂げ、大納言にまで出世していますから、縁起もいいというので、これに決まりました。

ここでわかるのは、朝廷にとっては東国は、あくまでも「夷」だったということでしょう。彼らから見ると、頼朝は「夷」どもを支配し、税金を集めて都に送ってくれればそれでいい、ということになります。

実は、この研究が、一一九二年説が支持を失うきっかけになりました。征夷大将軍の決定の経緯がこんないい加減なものであることがわかり、そこに過大な意味を置くのはやめよう、という空気になっていったのです。

第三に、時代の変化としてみた場合、頼朝が征夷大将軍になったことで、何かが変わったか、という疑問です。何も変わっていない。二年後に辞めても、文書に「前」がつくかどうかくらいです。

最後に、これは私が重視している論点ですが、この征夷大将軍が朝廷によって与えられたものであることです。これは言い換えると、鎌倉幕府は朝廷がオーソライズしてはじめて成立した、という見方になります。

しかし、征夷大将軍に関して、朝廷が行ったのはあくまでも追認です。頼朝が東国の武士たちを集め、所領の安堵をはじめたという「実態」がまず先行して、頼朝からの要求を受けて、あとから朝廷が形を整えている、それをもって「鎌倉幕府の成立」とするのは論理がねじれています。

これは後に述べますが、江戸幕府に関してはもっとはっきりしています。家康は自分の力で政権を築いたのであり、朝廷によって支配権を与えられたわけではまったくありません。つまり、将軍就任＝幕府成立とする、かつての年号には「天皇こそが日本の中心で、すべての権利の源である」という歴史観がこめられていたといえるでしょう。

主体はあくまで武士にある

一一九二年説にかわり、近年、教科書などで採用されているのが、一一八五年説です。この年は先にも少し出てきましたが、頼朝が朝廷から全国に守護、荘園や国衙領に地頭を設置する権利を与えられた年になります。これによって、頼朝は御家人たちを全国に送り込むことになります。

このうち地頭は、徴税や軍事・警察などの権利を行使し、荘園のボスとなっていきます。中世の土地制度の根幹といえる荘園を掌握した、という意味では、確かに画期となる出来事でした。

一方、守護に付与された権利は「大犯三箇条」といい、大番役の催促、謀反人を取り締まること、人を殺した者を取り締まることの三つでした。このうち、大番役とは、各地の御家人に京都の警護を命じたものです。つまり、軍事の動員と治安維持が職務だったのですが、鎌倉時代にはまだそれほど大きな権限を与えられておらず、その国の御家人たちにとっては、上司というよりも兄貴分的な存在でした。それが室町時代になると、守護の力はより強くなり、守護大名と呼ばれるようになり、戦国時代には戦国大名として、まさに一国の主となっていきます。その意味では、武士権力の発展をみるうえで、守護は重要な存在といえるでしょう。

さて、ここで考えなくてはならない問題があります。「頼朝は朝廷から守護・地頭を置くことを認められた」というとき、朝廷は具体的にはどのような権限を与えたのでしょうか。

頼朝が御家人たちを地頭に任命する際に与える下文には、ある決まり文句が記されています。それは「先例を守りて、その沙汰をいたすべし」。つまり、先例にしたがって職務を行いなさい、ということなのですが、これは言い換えれば、「先例」＝その土地土地のルールを守れ、つまり、現地の荘園領主との間に、各々が取り決めを結べ、ということになる。もっといえば、地頭として派遣された御家人たちは、頼朝からの任命というバックはあるものの、現地の荘園領主と実力で渡り合い、言うことを聞かせて、「その沙汰をいたす」ほかなかったのです。

ここで重要なのは、守護、地頭はあくまでも頼朝政権が実力で設置するもので、朝廷はそれを公認する、追認する立場だったことです。

その意味では、一一八五年説も、「朝廷が認めた」ことに力点を置く点において、一一九二年説と共通しています。土地支配の変化、頼朝政権の全国的展開に着目した点では、一一八五年説は一一九二年説より説得力がありますが、「鎌倉幕府とは何か」という本質論からすると、やや不満が残ります。

そこで、私が推しているのが一一八〇年説です。もっと詳しく言えば、一一八〇年十月六日、頼朝が関東の武士たちを率いて、鎌倉に入り、軍事政権を樹立した段階で、すでに鎌倉幕府は成立していた、と考えるのです。

なぜか。それは私が鎌倉幕府とは「武士たちがつくった、武士たちのための政権」だと捉えているからです。朝廷が認めるかどうかは関係ない。頼朝が武士たちを集めて、自らのイニシアティブで論功行賞をはじめ、土地の安堵を行った。それが鎌倉幕府のはじまりだと考えます。

もっとも誕生したばかりの武士政権は、未熟な面も数多くありました。その東国の独立を守るためにも、西国の既成の政権である朝廷との外交は不可欠でした。頼朝がさまざまな形で朝廷との交渉を行い、東国政権の自律性を広げていったという意味では、「朝廷の公認」にも大きな意味はあったと思います。

しかし物事には本《もと》と末《すえ》があります。頼朝がつくったのは、第一義に、東国の武士たちの利益を代表する政権であり、それを守るために、朝廷に自分たちの存在を認めさせたという順番を間違えてはならないでしょう。現在、鎌倉幕府一一八〇年説はまだまだ少数派ですが、歴史は多数決ではありません。私は細々ながらも堂々と論陣を張り続けるつもりです。

? どうして源氏将軍が絶えたのに鎌倉幕府は続いたのか

二〇二二年の大河ドラマ『鎌倉殿の13人』は、北条義時を主人公に、頼朝の挙兵から承久の乱までを描いています。その間の歴史については、拙著『北条氏の時代』『承久の乱』で詳しく書きました。是非読んでください。

と、これで終わるわけにはいきません。頼朝の死から承久の乱に至るまでには、大きな転換がやってきます。それは源氏将軍の断絶です。これが重要なのは、先にも論じた「鎌倉幕府とは何か」問題に直結するからです。

頼朝が一一九九年に急死すると、嫡男の頼家が十八歳で家督を継ぎ、二代目将軍となります。頼朝によって生まれた東国武士の結集を、世襲の原理で維持しようというわけですが、これがうまくいかず、御家人との間でトラブルがつづきます。そこで生まれたのが、有力御家人などによる十三人の合議制でした。『吾妻鏡』では、〈様々な訴訟については、羽林（源頼家）が直に決断されることを停止し〉、十三人が話し合って決めることにした、と書かれています。鎌倉幕府＝将軍の構図は、早くも崩れています。しかも、頼家は将軍位から退いたのち、一二〇四年に幽閉されていた修善寺で北条氏の兵に殺されました。

さらに、頼家に続く三代将軍実朝も一二一九年に暗殺されてしまいます。頼朝の征夷大将軍就任から数えて二十七年で、源氏の将軍家は滅びてしまうのです。

この実朝暗殺の背景をめぐっては諸説ありますが、ここで重要なことは二つ。まず実朝には後継者がおらず、存命中から次の将軍候補として皇族を迎えようという動きが進んでいたこと。もうひとつは、幕府の主導権を握った北条義時をはじめ、御家人たちが、実朝暗殺の黒幕探しを（さまざまな有力御家人の関与が見え隠れしたにもかかわらず）行わなかったことです。

この点から見ても、鎌倉幕府の主役はもはや源氏将軍ではなく、そこに集まり、自分たちの利益を守ろうとした東国武士たちだったことが分かります。

鎌倉幕府を後鳥羽上皇から見ると

では、逆に朝廷からは、鎌倉幕府なるものはどのように映っていたでしょうか。

話は少し遡ります。そもそも東国に独自の政権ができるなんて、前代未聞の出来事です。というより、朝廷にとってはあってはならないことだともいえるでしょう。天皇を中心とする秩序観では、あくまでも、もともとは地方貴族に過ぎない源氏が運営する東国の出先機関が幕府である、ということになります。それが保元・平治の乱に端を発した混乱によって、一時的に肥大している。このアンバランスをもとに戻さねばならない。そう考えたのが、当時の「治天の君」、後鳥羽上皇でした。

一一九八年から二十年以上にわたり、上皇として朝廷のトップに君臨した後鳥羽上皇は文武の両面で、歴代天皇のなかでもトップクラスに優秀な人物でした。しかも、皇室関連の荘園のほぼすべてを掌握し、強大な経済力も確保します。

その後鳥羽上皇が鎌倉幕府に対して打った手は、大きく三つあります。

ひとつは朝廷に仕える武士団の拡大強化。それまで上皇をガードしてきた北面の武士に加え、新たに西面の武士を組織します。

もうひとつは西国を中心とした有力御家人の切り崩しです。近畿周辺で七カ国の守護を務めていた大内惟義《これよし》をはじめ、上級武士たちを自分の陣営にスカウトしていったのです。

そして第三に、将軍実朝の取り込みでした。それを示すのは実朝の官位です。特に一二一八年には、一月に権大納言、三月には父の頼朝を超える左近衛大将を兼任、十月に内大臣、十二月には武士として初の右大臣になるという、驚くべきスピードで〝出世〟していきます。右大臣になれば、ほぼ自動的に左大臣、太政大臣となるコースですので、後鳥羽上皇は最上級の官位を実朝に与えたことになります。さらに、和歌をはじめとする京都の文化を愛した実朝に対し、当時を代表する歌人、藤原定家を教師につけるなど、徹底した懐柔策を行うのです。この後鳥羽上皇と将軍実朝との密接な関係のもとに、実朝の次の将軍を皇族から迎える交渉が進んでいました。

このように朝廷との関係を深めていく将軍の姿は、東国の御家人にとって危険なものに映ったはずです。自分たちの土地を認めてくれ、朝廷ともタフに交渉してくれるリーダーだから、頼朝を担いできた。朝廷の意のままになってしまう将軍は、もはや不要を通り越して、彼らの権益を危うくする存在です。

一二一九年一月二十七日、実朝は右大臣昇進を神に報告し感謝する儀式のために、鶴岡八幡宮に参拝します。実朝暗殺は、そこで起きました。

ここで興味深いのは、実朝暗殺後も、鎌倉幕府側は「皇子の一人を将軍にください」と後鳥羽上皇にあらためて打診していることです。

北条義時たちにとっては、将軍はやはり必要でした。もともと、それぞれが地元のボスだった東国の武士たちを「御家人」としてひとつに束ねるには、頼朝以来の、将軍との

「御恩と奉公」という主従関係が不可欠だったからです。

しかし、後鳥羽上皇からすれば、鎌倉を操縦するための最大の要であった実朝をあっさり殺してしまうようなところに大事な皇子を送るわけにはいかない、と拒否します。次善の策として、摂関家から三《み》寅《とら》という少年が連れてこられ、四代将軍頼経となりますが、後鳥羽上皇は、北条義時を中心とする鎌倉幕府を倒すしかないと考えます。これが一二二一年、承久の乱となるのです。

？ 鎌倉後期の天皇は名君ぞろい　敗戦が生んだ「徳」への競争

承久の乱は、鎌倉幕府の一方的な勝利に終わります。後鳥羽上皇は、幕府軍の総大将、北条泰時に対し、全面降伏といえる院宣《いんぜん》を発します。この院宣のなかでもとりわけ重要なのは、以下のくだりです。

〈凡《おおよ》そ天下の事、今に於いてはご口入に及ばずと雖《いえど》も、ご存知の趣、いかでか仰せ知らざるか。（略）自今以後は武勇を携えるの輩《ともがら》は召し使うべからず。また家を稟《う》けずに武芸を好む者、永く停止せらるべきなり〉

つまり、これからは武士たちを出仕させない、また貴族でも家業を継がず、武芸の稽古をしているものは朝廷に出仕させない、というわけです。武力を放棄し、政治においても幕府の下に立つ、と。

幕府は後鳥羽上皇をはじめとする三人の上皇を配流し、仲恭天皇を退位させます。そして後鳥羽上皇の直系を排除するために、後鳥羽の兄、守貞親王の息子を、後堀河天皇として即位させました。つまり天皇の人事を幕府が決定したのです。こののち北条泰時が執権の時代に、朝廷が後鳥羽直系の忠成《ただなり》王を皇位に即けようとすると、泰時は「もし即位したら、武力で引きずり降ろせ」と命じて京に使者を送ります。このように、幕府は武力を背景に、朝廷をコントロールし続けたのです。

政治に目覚めた敗戦後の朝廷

このように見てくると、承久の乱以後、朝廷は有名無実の存在となったかのように思えます。ところが、そうではありませんでした。

承久の乱の敗戦を受けて、朝廷は一連の改革を行います。それは一言でいうなら「徳政」、すなわち徳に基づく政治の実現でした。これは単に修身的なお題目ではありません。言い換えると、人々のためになる行政サービスを行うことで、支持を獲得しようとしたのです。私は、これが日本の政治指導者がはじめて本格的に「民」に報いることを視野に入れたという点で、大きな画期だったと考えています。

この改革を主導したのは、摂関家の九条道家でした。彼が改革の眼目としたのは、「訴訟決断」を積極的に行うことでした。当時の「訴訟」は、刑事・民事の裁判のみならず、政策の立案、幕府や大寺社との交渉、貴族・僧侶・神官の人事などの諸々を包括する概念でした。ことに道家が重視したのは「雑訴の興行」、すなわち一般の土地のトラブルを朝廷の裁判によって解決することだったのです。武力を放棄した朝廷にまだ残されていた力、それは法の知識や、文書処理能力といったソフトパワーでした。道家は、それを人々に向けて開放しようとしたのです。そして、その実務を担当させるため、中級の貴族から人材の抜擢も行いました。部分的にではありますが、実力主義が採用されたのです。

道家は二十年にわたり、朝廷をリードします。その背景には、幕府との太いパイプがありました。先ほど触れた摂関家から鎌倉に行き、四代将軍となった頼経は、九条道家の子だったのです。

道家の失脚後も、朝廷は徳政路線を引き継いでいきます。実は鎌倉時代の後期の天皇には、歴代随一の思索家として知られる花園天皇や、その花園天皇から「末代の英主」とたたえられた後宇多天皇など、賢帝と評価される天皇が少なくありません。ことに後宇多上皇の時代は、幕府と宥和的な関係を築き上げ、有能な貴族を抜擢して政治を行うという意識が最も高まった時代といえるでしょう。

花園天皇は自らの日記に、こう記しています。

〈朕《ちん》は随分稽古し、学は至らずといえども、心を励まし、徳にいそしみ、仁を施す。もし

くはこの一徳、わずかに天意に叶《かな》うか〉

自らを誇る記述はほとんど見られない、この謙虚な哲人天皇の日記で語られているのは、徳があることが天の意志にかなうことであり、君主に求められていることだ、という考えでした。

私は、この時期の天皇に名君が多いのは、一種の競争原理が働いたからだと考えています。まず朝廷は、武力という実力で負けている幕府に対して、徳をもって、自らのアイデンティティとしなければなりませんでした。この時期、皇統は持明院統と大覚寺統に二分されます。さらに大覚寺統には複数の天皇候補が存在していました。つまり、ライバルたちとの対抗上、自分こそが徳を備えた優れた君主である、とアピールする必要が生じていたのです。

? 御成敗式目はなぜ必要になったのか

こうした朝廷の「徳政」に大きな影響を受けたのが、承久の乱で総大将を務め、父・義時の跡を継いで執権となった北条泰時でした。

泰時は乱の後、六波羅探題として京都にとどまり、朝廷との交渉や西国の監視などを司ります。そこで華厳宗の高僧、明恵《みょうえ》とも交流を深めるなど、高い京都の文化に接しています。また泰時は京都で朝廷による徳政を目の当たりにしました。泰時の「民」への視線がよく感じられるのは、一二三〇年から翌年にかけて起こった寛喜の大飢饉への対応でした。東国に戻った泰時は、飢えで苦しむ伊豆、駿河の領民に対し、蔵を開けて、米を配ったのです。ここには京都で学んだ、民をいたわる「撫民《ぶみん》」の思想が感じられます。

この泰時が一二三二年に制定した初の武家法が、有名な御成敗式目です。

承久の乱に勝利したことで、鎌倉幕府の勢力は一気に西日本に広がりました。すると、西国の土地をめぐって、東国の武士同士では通じた暗黙のルールが通じないという事態が生じます。そこで泰時は、誰もがわかる形でルールを明確化しようと考えたのです。これまでトラブルが起きたら、武力で解決してきた東国武士からすると、大きな進歩といえるでしょう。

ここで興味深いのは、朝廷と幕府との裁きの基準の違いです。朝廷が重視したのは「道理」でした。当時の社会の常識を勘案し、できるだけみんなが納得する結論を出す。これに対し、御成敗式目も「道理」をうたうものの、その実態は、泰時＝鎌倉幕府が自分の統治をスムーズにするためにルールをつくり、それを全国共通のものとして押しつけるというやり方だったのです。朝廷の「道理」、幕府の「法治」といえるかもしれません。

この違いを生んだのは、両者の強制力の差でした。武力を奪われてしまった朝廷は、自分のルールに相手を従わせるだけの力を持っていません。事態が本当にこじれたときには、幕府の軍事力を頼るほかなかったのです。

幕府が自らの判断を押しつけられるのは、軍事政権だからです。幕府の決定に逆らえば、容赦なく潰されます。法治主義が暴力によって担保されることをあらわす好例です。

この御成敗式目がお飾りではなく、実地に使える法律だったことをあらわしているのが、追加法の存在です。式目制定から時間が経つにつれ、最初に決めた五十一カ条ではカバーできない事態も発生するようになります。泰時は〈これにもれたる事候はば、追うて記し加へらるべきにて候〉として、法の変更や修正を行うように通達しています。

ところがこの追加法をめぐって大問題が起こります。幕府の中でも条文や判例が保管されておらず、いつ、どのような追加法ができたかもわからなくなってしまう、という事態がしばしば起きたのです。また法が改正されても、そのことが周知されない、ということも混乱を生みました。

泰時が式目の制定にあたり、弟の極楽寺重時にあてた手紙「北条泰時消息」が残されています。極楽寺重時は当時、六波羅探題を務め、兄・泰時を支えたブレーンの一人でもありました。そこにはこんな一文があります。

〈京辺には定めて物をも知らぬ夷戎《えびす》どもが書きあつめたることよなと、わらはるる方も候はんずらんと、憚《はばか》り覚え候へば、傍《かたはら》痛き次第にて候へども、かねて定められ候はねば、人に、したがふことの出来ぬべく候故に、かく沙汰候也〉

自分たちの法を定めないと、武士が何を拠《よ》り所にしていいかわからない。京の人々に笑われてもいいから、とにかく法を作ってみた、と述べています。

承久の乱後、幕府、朝廷の内外で生まれた「競争」は、時代を進める役割を果たしたといえそうです。

？ 元寇は本当は避けられた

第一章で、日本が異民族による征服の脅威を味わった「警戒レベル最大の外圧」は白村江の戦いと黒船来航、そして昭和の戦争くらいだ、と述べました。読者の多くは、ここに蒙古襲来、いわゆる元寇が入っていないことを不思議に思ったのではないでしょうか。

それにはちゃんとした理由があります。そもそも元には日本に攻め込もうという意図はなかった。そう考えるからです。

こういうと、モンゴル帝国がすでに高麗を支配し、南宋を攻めていたのを知らないのか、日本も同じ運命を辿る危険性があった、という反論があるでしょう。それはよくわかります。

ここで重要なのは、物事を日本の側からだけ見るのではなく、モンゴル帝国から見るとどうかと考えてみることです。そこでは日本史の研究者だけでなく、東洋史の専門家の知見が参考になります。そして、モンゴル帝国の艦隊がやってきた時点だけではなく、そこに至るプロセスを検討することです。「相手から見るとどうなのか？」、「事件の前後もよく見定める」。これは歴史を俯瞰《ふかん》し、流れをつかむうえでとても有効です。

フビライからの国書の意味

高麗からの使節団がモンゴル帝国皇帝フビライの手紙「大蒙古國皇帝奉書」を持って、大宰府にやってきたのは一二六八年のことでした。

その内容を簡単に要約してみます。

大蒙古国の皇帝から日本国王に手紙を送る。大蒙古国皇帝には遠くの国々も家来になっている。高麗も蒙古に降伏して家来となった。なぜ日本は一通の手紙も大蒙古国皇帝に出さず、国交を持とうとしないのか。これからは国と国との交わりをしようではないか。それが受け入れられなければ、軍を送ることになるが、我々の望むところではない。日本国王はよく考えて返事をしてほしい――。ざっとこんな内容です。

言うことを聞かないと軍を送るぞ、と恫喝《どうかつ》しているようにも思えますが、外交の公式文書で重要なのは形式です。モンゴル史の第一人者である杉山正明氏をはじめとする東洋史の研究者の多くは、この国書はとても丁寧なものだとしています。そもそも奉書という形式自体が相手国に対する敬意をあらわす破格の表現であり、末尾に「不宣」とあるのも、相手を高く評価するときの表現だと指摘しています。

この国書はいったん京都の朝廷に送られ、朝廷は返書を準備しますが、そこに幕府が「交渉はこちらでやる」と待ったをかけたのです。ところが幕府は使者をもてなしもせず、返書を送ることもしませんでした。この時点で、外交上の非は鎌倉幕府にあります。もっとも朝廷の準備していた返書も「あなたの国は日本の偉さをわかっているのか」といった居丈高な内容でした。

このときのフビライの国書は、ある意味、中国の伝統的な華夷秩序に基づいたものです。日本に挨拶にくるように促し、朝貢関係を結ぼうというものですから、ここからいきなり侵略の意図を読み込むのは無理筋でしょう。

またモンゴルからすれば、日本にはわざわざ海を渡って攻めるほどの魅力はありませんでした。費用対効果が悪すぎるのです。

これをあらわしているのが、元寇の前に、一年ほど日本に滞在した趙良弼《ちょうりょうひつ》という元の官僚によるレポートです。趙良弼は日本に六回も派遣されていますが、フビライにあてて、「日本人は獰猛《どうもう》で礼儀知らずです。山水が多く、田畑を耕すのに向いていません。海風は予測不能で、軍船を差し向けるのは危険です。底なしの深い谷を埋めるようなものだから、日本を攻めるのはおやめください」という内容の報告を行っています。

フビライは日本の硫黄めあてに攻めてきたのではないか、と唱える研究者もいます。たしかに中国には火薬の原料である硫黄はありません。しかし、他国を攻めてまで硫黄が必要になるのは、早くて十五世紀になってからのことでしょう。そもそも硫黄が必要なら交易で簡単に手に入るのですから、わざわざ侵略する必要はありません。

外交オンチが招いた戦争

モンゴルからは幾度も使節が来ますが、日本はずっと無視を続けます。

そこで起きたのが一二七四年の文永の役でした。北条政権は稚拙な外交で、というより、挑発ととられても仕方のないような態度で、フビライの面子《メンツ》を潰し、怒らせてしまったといえます。つまり、当たり前にしていれば避けられた、無用な戦いを引き起こしたのです。

もっとも、この文永の役では、三万のモンゴル軍は対馬に上陸した後、九州地方に攻め込みますが、あっさり撤退していきます。本格的な侵攻ではなく、「威力偵察」だったと考えられます。

これに対し、鎌倉幕府はろくに戦う準備も整えていませんでした。いちおう一二七一年には異国警固番役を設置しましたが、鎌倉から九州に司令官すら送られていなかったのです。実際に、文永の役で大将軍として九州の御家人たちを指揮したのは、少弐景資《しょうにかげすけ》という太宰府生まれの御家人でした。ほとんど現地任せの戦いだったのです。

この文永の役の翌年、元は官僚の杜世忠《とせいちゅう》を使者として送り、いま一度、冊封体制に加わるようもちかけます。武力と外交の効果的な使い分けといえるでしょう。ここでも二度目の元寇を避けるチャンスはあったのです。

ところがこれに対し、鎌倉幕府は、杜世忠をはじめとする使節団を鎌倉まで連行し、斬首してしまいます。いくらこの時代でも、恐るべき外交オンチとしか言いようがありません。

二度目の襲来に備えて、幕府は博多湾の海岸線に石垣を築きました。元寇防塁です。だいたい高さ二メートル、幅二メートルで約二十キロにわたって築いたとされており、現在でも一部は見ることができるのですが、人間の背丈をちょっと超える高さに石が積まれているだけですから、これで本当にモンゴル軍と戦おうとしたのか、と首をひねらざるを得ません。時の執権、北条時宗は、特に戦前においては「救国の英雄」とされましたが、むしろ「亡国の暗君」と言いたくなります。自らの外交オンチから、大国との戦争を招きよせたばかりか、相手が攻めてきたときに、ようやく慌てて、申し訳程度の対策を始める拙劣さ。次の項で詳しく述べますが、この無用な戦いも一因となって、鎌倉幕府の崩壊が進んでいくのです。

このように、元寇は本来ならば避けられた戦争だったというのが、私の見解です。外圧レベルでいうと、本来ⅠかせいぜいⅡまでいかないレベルだった危機を、幕府が勝手につりあげてしまった。侵略こそされませんでしたが、自滅に近いものだと考えます。

パンデミックではかる外圧レベル

もうひとつ、元寇の時期の外圧レベルが低かったと考える傍証が、パンデミックです。外圧は言い換えると「グローバル化の波」になります。日本がグローバル化に直面するとき、外から文物や人や安全保障上の脅威とともにやってくるのが、疫病なのです。

白村江の敗戦後、日本がまだ海外からの侵略を警戒している奈良時代には、天然痘が入ってきました。藤原不比等の息子たちで、権勢をふるっていた藤原四兄弟もこの病で相次いで命を落としています。社会の不安を取り除きたいと、七五二年、聖武天皇が建立したのが、奈良の大仏でした。大仏の開眼供養は、インドから来た僧が導師を務め、唐や高麗の楽人や舞人が楽舞を披露するという、国際色豊かな大イベントでした。

また秀吉の朝鮮出兵の際には梅毒が流行し、幕末の一八五八年には、ペリー艦隊のミシシッピー号を感染源としてコレラが発生、死者十万人を超えるという災厄をもたらしています。

ひるがえって中世に目を戻すと、そうした海外からと考えられる感染症の大流行は起きていないのです。たとえば少し時代はズレますが、十四世紀のヨーロッパでは黒死病（ペスト）が大流行しますが、これはモンゴル帝国由来だとされています。ところが日本にはペストは入ってきませんでした。このことは中世の日本が、基本的には外圧レベルの低い時期だったことを物語っているように思えます。

?「銭」に負けた得宗専制

鎌倉幕府はなぜ滅びたのか？　様々な要因が挙げられますが、私が最も根本的な要因だと考えるのは、貨幣経済の浸透です。もともと農をよりどころとしていた鎌倉幕府は、この新しい経済に対応することができず、滅亡に至った。その象徴が「徳政令」です。

先に朝廷が「徳政」を行った、と述べましたが、「徳政」と「徳政令」、よく似ていますが、内容は違います。朝廷の「徳政」の眼目は、裁判で一般の人々のトラブルを解決することにありましたが、幕府の「徳政令」は御家人の借金を棒引きすることでした。たしかに御家人には優しい「徳政」ですが、御家人たちにお金を貸した側はたまりません。

徳政令は何度も出されますが、決定的だったのは一二九七年に出された有名な永仁の徳政令です。その内容は、「御家人は土地の売り買いや質入れを禁止する」「すでに売却してしまったり質流れになってしまった土地は、前の持ち主（御家人）に返される。ただし買主が御家人である場合は、二十年以上経った土地は買い手の御家人が保有してよい。買い手が御家人以外の武士、武士以外の民の場合は二十年以上経っていても、元の持ち主に返せ」「債権、債務に関する訴訟は受け付けない」というものでした。しかし、これは御家人をも苦しめる法律でした。お金に困っているから、何よりも大事な土地を質入れしてきたのに、もはやその道もふさがれてしまったからです。

では、なぜこんな法律が生まれたのか。話は、鎌倉幕府成立以前の平家政権まで遡ります。先にも触れた通り、平清盛は京都—瀬戸内海—博多という経済の大動脈を掌握しました。そして宋との貿易で莫大な富を独占したのです。当時、宋とは正式な国交はなく、清盛のやっていたのは一種の私貿易でした。日本から宋へのおもな輸出品は木材です。宋に渡るジャンク船は、この木材をバラスト（重し）にしていました。では、宋からの帰りの船は何をバラストにしていたのか？　それは銅銭でした。日本では自前の通貨がつくられておらず、宋の銭が日本国内でも使われていたのです。銅銭は、木材などの代金であると同時に、重要な輸入品でもありました。

清盛の時代に進んだ貨幣経済の流れは、頼朝政権になるといったんストップします。なんといっても頼朝政権は土地本位の農業経済であり、倹約こそ道徳的なふるまいでした。

しかし、その鎌倉武士たちも、やがて「銭」の大波を受けます。一二二五年から一二五〇年の間に、日本列島に貨幣経済が急速に浸透していくのです。それがわかるのは、土地売買の証文です。それまで土地の代金は○○石と米で取引されていたのが、この時期に、○○貫と銭による表示にかわるのです。これはおそらく承久の乱とも関係しています。これによって後鳥羽上皇に与《くみ》した者の所領が没収され、そこに御家人たちが地頭として派遣されていきました。そこで西国の進んだ経済に触れるようになったのです。そして武士たちも陶器や茶道具などの消費財を手にしますが、モノが欲しくても、代価を払う術がありません。彼らが持っている唯一の資産は土地です。貨幣経済の恵みを得るには、土地を担保に借金をするほかありません。

　鎌倉幕府が土地の売買や借金の返済を無効にするという、経済の原則に反した政策を打ち出さなくてはならなくなったのは、御家人たちを貨幣経済から守るためだった、といえるでしょう。しかし、それは根本的な解決とはとてもいえず、かえって問題をこじらせてしまったのです。

御家人ファースト vs. オール日本

　さらに、この徳政令をめぐっては、幕府内の深刻な対立がからんでいました。その政争は鎌倉後期最大の政変、霜月騒動《しもつきそうどう》に至ります。

一二八五年、それまで幕政をリードしてきた有力御家人、安達泰盛の一族が滅ぼされます。『吾妻鏡』が一二六六年で終わってしまったこともあり、この事件についてはわからないことも多く、教科書などでは詳しく解説されていません。しかし、この霜月騒動こそ、鎌倉幕府の崩壊に直結する、きわめて重大な事件でした。

これまで霜月騒動は、御家人と御内人《みうちびと》の権力争いだと説明されてきました。御家人は将軍に仕える武士、御内人は北条家の本家である得宗家に仕える武士です。この場合、安達泰盛が御家人の代表、それに敵対するグループの代表が、御内人のトップである内管領《うちかんれい》の平頼綱になります。

しかし、この対立を御家人vs.御内人の構図で捉えると、事件の本質が見えてきません。そもそも平頼綱は御家人でもありました。

私は、両者の対立を、御家人（御内人）の利益を最優先する「御家人ファースト」派と、非御家人の武士たちや朝廷、さらには撫民をも意識した「オール日本」派の対立だったと捉えています。平頼綱は「御家人ファースト」派、安達泰盛は「オール日本」派の代表でした。

この両者の対立が顕在化したのが、二度にわたる元寇の戦後処理でした。

このとき、論功行賞を司る御恩奉行を務めたのが、安達泰盛でした。幕府の根幹ともいえる所領の配分と安堵を決めるという強大な権力を握る役職なのですが、元寇の場合は配るべき新たな所領がありません。ろくな恩賞ももらえなかった武士たちの不満は、泰盛に向けられます。

ことに一二八一年の弘安の役においては、現地の非御家人も動員しましたから、彼らの処遇はさらに難問でした。ここで泰盛は非御家人を恩賞の対象として認めます。つまり、またやってくるかもしれない危機に備えるため、防衛体制を構築し、鎌倉幕府を「オール日本」を束ねる政権に再構築しようと考えたのです。私はこれを「鎌倉幕府3・0」と呼んでいます。頼朝のつくった東国武士中心の政権が「幕府1・0」、朝廷を破り、西国にまで統治の範囲を広げた承久の乱以降が「幕府2・0」とすると、泰盛は、さらに九州の非御家人を吸収し、全国政権となるヴァージョンアップを目指していたと考えられます。

これに対し、危機感を募らせたのが平頼綱に代表される「御家人ファースト」派です。彼らからすると、レギュラーメンバーである御家人の利益を守ることが、幕府の役割ではないか、ということになります。泰盛の路線は、御家人の既得権益を奪い、本来の幕府を変質させる――「御家人ファースト」派はそう考えました。これはこれで、頼朝政権が

「関東武士がつくった、関東武士のための政権」であったことを考えると、多くの御家人を納得させる姿勢だったといえるでしょう。

そして、この対立は経済政策にもあらわれていました。永仁の徳政令の前にも、何度か徳政令が出されていることは前にも述べましたが、興味深いのは、そのつど、徳政令を否定する追加法が出されていることです。特に注目すべきは、弘安の役の後、一二八四年に出された「所領を売ること、質に入れることを認めた」追加法です。貨幣経済を認める、あるいは促進するこの政策をリードしたのが安達泰盛でした。

それに対し、とにかく御家人だけを守ればいいという徳政令を主張したのが平頼綱たち「御家人ファースト」派だったと考えられます。それは、霜月騒動で安達泰盛が排除された後に、永仁の徳政令が出されていることからもうかがえます。

頼綱たちにも危機の意識はあったのかもしれません。ただし、その危機の対応策は、幕府の中核メンバーの利益だけ、もっといえば自分たち得宗家につながる人間の利益だけを守るという、きわめて内向きのものだったといえます。

興味深いのは、鎌倉末期、時宗、貞時、高時の時代に、得宗の権力はどんどん強くなっていたことです。これを「得宗専制」と呼びます。幕府の重職は北条一門がほぼ独占し、幕府のなかにはそれに対抗するような有力者も存在しなくなっていきます。「得宗家ファースト」の平頼綱さえ、得宗・貞時に排除され自害に追い込まれます。かつての北条義時や泰時、時頼たちはすぐれた能力を発揮したからこそ、武士たちにリーダーとして認められました。しかし得宗専制の時代には、「得宗だから偉い」となり、得宗家の嫡男であれば資質を問われることなく、トップに祭り上げられるようになります。これは世襲権力が陥りやすい罠だといえるでしょう。絶対的に強くなったために、内実を失って、空洞化してしまうのです。

　そして「得宗家ファースト」の人々の「守るべきもの」が極小化したとき、つまり「武士のための政権」から「得宗家のための政権」となったとき、大多数の武士たちの支持を失った鎌倉幕府は自滅したといえるでしょう。

　そのとき武士たちは、新しい自分たちのためのリーダー、「もっとましな鎌倉幕府」を求めました。その期待に応えたのが足利尊氏だったのです。

? 名字に「の」が入らなくなった理由　家族制度・土地・相続

本章の最後に、歴史の年表にはあらわれない、鎌倉期に起きた変化を取り上げたいと思います。それは名字です。

平清盛。源頼朝。これを声に出して読んでみてください。「たいらのきよもり」「みなもとのよりとも」。そう、「の」が入ります。蘇我馬子、藤原道長、菅原道真も「の」が入る。これは読み癖ではありません。このときの「平」「源」「藤原」は名字ではなく、「氏《うじ》」だからです。

ヤマト王権では五～六世紀にかけて、「氏《し》姓《せい》制度」を導入しました。豪族たちに「氏」と「姓《かばね》」を与え、身分の序列化をはかったのです。

「氏」は蘇我、物部、大伴など同じ血族をグループとしてまとめるもの、「姓」は臣《オミ》、連《ムラジ》、造《ミヤツコ》など、朝廷内での身分を表す称号です。

「氏」は天皇が与えた一族の名称で、血筋に基づいて世襲していきます。したがって一族の呼称は、平氏、源氏、藤原氏となります。源頼朝は、源氏の頼朝なので、みなもとのよりともとなるわけです。

それに対し、鎌倉時代になると「の」がつかない「苗字」が登場してきます。たとえば頼朝の妻である北条政子は「ほうじょうまさこ」で、「の」が入りません。つまり「北条」は「氏」ではなく、家を表す「苗字」だということになります。北条時政、北条義時も同様です。

実は、北条家は平氏の血族を名乗っていますから、「氏」を使えば、たいらのときまさ、たいらのよしときとなります。室町幕府を開いた足利尊氏は源氏の名門ですから、「氏」でいうなら「源《みなもとの》尊氏《たかうじ》」となります。

ここで厄介なのは、平安後期から鎌倉時代になると、源氏と平氏をルーツとする武士がたくさんあらわれることです。「源」「平」だけでは家の区別がつきにくい。鎌倉幕府でいえば平広常、平常胤、平義澄と平だらけになってしまいます。

かわりに注目されたのが、それぞれの家が本拠を置く土地でした。なぜなら、「家」が成立するのは、財産＝土地の裏づけがあるからです。そこで、「氏」としてはあくまで平氏でありながらも、家を呼ぶ苗字としては地名がつかわれるようになる。上総に拠点があるから上総広常、千葉にいたから千葉常胤、三浦半島が本拠地だから三浦義澄となるわけです。

言い換えれば、このころから「血」よりも「家＝財産」が重視されるようになってきた、ともいえるでしょう。そして、この財産の決定権をもつ家長の権威が高まってきたのです。

別の言い方をすると、「氏」とは天皇によって権威付けられた一族の呼称です。しかし、時代が下ると、東国の武士たちのような、天皇からはあまりにも遠い人たちも時代のメインプレイヤーとなり、名乗りを上げるようになる。上から降ってきた「氏」よりも、土地に根差した「苗字」が優位になっていったのかもしれません。

鎌倉期も時代が進むと、相続の方式も変わってきます。もともと武家の相続は惣領が主な部分を継承し、残りを兄弟で分ける、惣領＋分割相続でした。新しく開墾して土地が増えていけば、分割しても一人あたまの土地は減りませんが、そうでないと、代を重ねるごとに、領地はどんどん細分化されてしまいます。ひとりの子が遺産の大部分を相続する「一子相続」は鎌倉時代に定着しました。その背景には、未開拓の地がほとんどなくなったことが考えられます。一子相続となると、家長の権力が強くなります。誰が財産を継ぐのかを決めるのが家長だからです。

父である上皇が後継者を選び、天皇の上に立つ院政は、まさに家長の権力そのものですが、これは鎌倉幕府にもあてはまります。

先にも述べたように、北条義時から泰時、その孫の経時・時頼兄弟、時宗を経て、貞時、高時と続く北条本家が、得宗家として、幕府の最上位に置かれてきました。北条氏の当主が得宗です。

そこで興味深いのは、時頼以降、得宗家以外で執権に就くケースがみられることです。その場合、執権と得宗どちらが偉いのか。言うまでもなく得宗なのです。つまり執権という役職よりも、得宗という家長が上なのです。

ここにも強固な「家の論理」を見ることができるでしょう。

第五章　室町時代

？ 鎌倉幕府を倒したのは後醍醐天皇ではない

前章と少しだけ角度を変えた問いを考えてみたいと思います。

鎌倉幕府を倒したのは誰か？

歴史の流れ、時代の変化を考えたとき、それは「鎌倉幕府はなぜ倒れたか」「鎌倉幕府の次に来たものは何か」という問いとあわせて、説明できるものでなくてはなりません。

教科書などの説明では、鎌倉幕府が倒れるきっかけとして、後醍醐天皇による倒幕計画が注目されてきました。また鎌倉幕府の滅亡後、後醍醐天皇の建武の新政が始まることも考え合わせると、「鎌倉幕府を倒したのは後醍醐天皇である」という答えは一見成り立ちそうです。

しかし、はたしてそうでしょうか。

私が疑問を持つのは、そもそも正中の変（一三二四年）、元弘の変（一三三一年）という後醍醐天皇の仕掛けたとされるクーデターが、二度とも大失敗に終わった杜撰《ずさん》極まりないものだったことです。もともと後醍醐天皇は、二つの皇統が交互に皇位に即く両統迭立《りょうとうてつりつ》のなかで、「中継ぎ」として登場した、確固たる基盤を持たない天皇でした。時の「治天の君」後宇多上皇は、後醍醐をすぐにおろして、本命である邦良親王を天皇にしようと考えていたからです。後醍醐はそのままいけば自分の子どもを天皇にすることもできなかったのです。だからこそ、後醍醐天皇は、ずっと天皇でいたい、天皇の人事権を握る「治天の君」になりたいという強い野望を抱きます。それには最終的に天皇の人事を決めてくる幕府を倒すほかないと考えたのです。

　ところが当時の朝廷の主流派は幕府との協調路線を望んでいました。後醍醐の倒幕志向は危険視され、主だった貴族は彼と距離を置きました。「後醍醐天皇はそれまでの家格にとらわれず人材を登用した」という見方もされますが、有力貴族のほうから避けられていたとみたほうが正しいでしょう。

　それをあらわす数字があります。「伝奏《てんそう》」という上皇の側近がつくった院宣《いんぜん》の数です。院宣とは朝廷が上皇の意を受けて出す指示書です。

　伝奏は、天皇・上皇が自らのブレーンとして優秀な実務貴族を抜擢したものです。なかでも後宇多上皇は彼らを活用し、全院宣のうち七一%に伝奏が関わっていました。花園天皇・後伏見上皇のときも六一%。ところが後醍醐天皇が出した綸旨《りんじ》（政治を天皇が行うとき、院宣は綸旨になる）には、わずか四％しか伝奏が関わっていません。天皇親政を推し進めようと考えるならば、スタッフの活用は不可欠なはずですが、それが出来ていない。つまり人材が集まらない、もしくは人材を使いこなす気がなかったのでしょう。「三房《さんぼう》」と呼ばれ、後醍醐天皇の参謀格とみられた北畠親房、万里小路宣房、吉田定房は実際には父の後宇多上皇の側近でした。

また多治見、土岐、楠木、赤松、名和といった倒幕に呼応した武士たちもほとんど無名で、兵力的にも大したものではありません。楠木正成の戦術は見事なものでしたが、トータルな軍事力としては、たとえばやはり幕府を討とうとして、西国の有力武士を味方につけていった後鳥羽上皇の戦争準備とは比べるべくもありません。その意味では、倒幕の令旨を出し続け、吉野で挙兵して徹底抗戦した息子の護良《もりよし》親王のほうが、よほど倒幕の功労者としてふさわしいかもしれません。しかし、後醍醐天皇は、のちにはその護良親王とも反目し合い、わざわざその令旨を否定してハシゴを外してしまうのです。

建武の新政は「机上の空論」

また後醍醐天皇が開始したという建武の新政も、はたして新政と呼べるほどの実態があったのか、大いに疑問です。

一三三三年閏二月。流刑地の隠岐を脱出した後醍醐天皇は、幕府滅亡の報を受けて、同年六月、京都に戻り、建武の新政を宣言しますが、その後も各地で反乱が続くなか、護良親王を排除し、ついには足利尊氏も離反します。新政はわずか二年半で瓦解し、後醍醐天皇は比叡山や吉野に逃れることになります。

建武の新政に際して、後醍醐天皇が言ったという言葉、「朕が新儀は未来の先例たるべし（自分がこれからまったく新しい政策を行うが、それは後世、みなが模範とする先例となる）」は有名ですが、仮に斬新な政策でも、実現する力とそれを支える人材がなければ机上の空論、単なる思いつきに過ぎません。

ひとつ例を挙げるなら、土地の領有はすべて天皇一人が決定権を持つ、というものがあります。これは、中世の複雑な権利関係を清算し、権利の一元化を目指したという点で、戦国以降の一円支配を先取りした、という評価がありますが、そもそもどうやって天皇一人で膨大な土地の決裁を行うというのか。そして、このルール変更に、どうやって人々をしたがわせるのか。そうした実現への方策が示されない以上、それは単に現実離れした妄想でしかありません。建武の新政が何ら実績を上げることなく終わったのも、必然といえるでしょう。

武士が求めたのは「もっとましな幕府」

では、最初の問いに戻りましょう。誰が鎌倉幕府を倒したのか？

時間を少し遡ります。後醍醐天皇が隠岐を脱出した一三三三年閏二月、後醍醐討伐の命を受けたのが足利尊氏でした。足利氏は源氏の名門で、尊氏は執権の妹を妻とする有力御家人でした。この尊氏が、北条氏追討の綸旨を受け、後醍醐側についたのです。後醍醐追討の尊氏軍は、後醍醐軍となり、六波羅探題を陥落させます。ここが決定的なターニングポイントでした。

なぜ尊氏は幕府に叛旗を翻したのか？　個人的に北条氏を恨んでいたとは思えません。また後醍醐天皇に忠誠を尽くそうとしたわけでもないでしょう。この時点では、尊氏は後醍醐天皇とは何の面識もなく、人柄も思想も知らないのです。

尊氏はシンプルに「今ならこの軍勢を使って、自分が武士のリーダーになれる」と考えたのだと思います。そして、その決心を後押ししたのは、御家人たちの「世論」だったのではないでしょうか。

かつての鎌倉幕府は、御家人のための政権でした。ところが、いまはそうではない。得宗家のための政権になっている。そのことへの不満を漏らすことさえ憚られる閉塞状況にあって、御家人たちは新しいリーダーを求めていた。もともと足利家は将軍になってもおかしくない家柄です。しかも尊氏は元弘の変でも大きな武勲を立てています。「俺が立てば、御家人たちはついてくる」、そう尊氏が考える条件は熟していました。事実、尊氏の反逆に、全国の御家人は雪崩をうつように加わってきたのです。

尊氏と同時に立ち上がった新田義貞に、鎌倉から尊氏の嫡男、千寿王（後の二代将軍義《よし》詮《あきら》）が合流します。この軍勢が鎌倉を陥落させ、北条氏は滅亡します。鎌倉陥落後、武士たちは先を争うように手柄を報告するのですが、その相手は新田ではなく、わずか四歳の千寿王でした。つまり鎌倉を落としたのは「足利軍」だったのです。

こうしてみると「誰が幕府を倒したか」は明らかでしょう。その最大の功労者は、足利尊氏であり、それに呼応した御家人たちだったのです。そして彼らが求めたのは「朝廷復活」ではなく、「もっとましな鎌倉幕府」でした。

後醍醐天皇は、その現実をみようともしなかったのです。

？ 尊氏兄弟を引き裂いた「京都の二つの顔」

ここでまた問題です。室町幕府はいつ開かれたのか？　これもかつては、一三三八年、足利尊氏が征夷大将軍に任じられた年とされていました。しかし、これにはさすがに無理があるということになります。尊氏を征夷大将軍に任命したのは光明天皇ですが、その光明天皇は、尊氏が京都に連れてきた光厳上皇によって、天皇となることができたのです。

そこで今では一三三六年、幕府の基本方針を定めた建武式目の制定をもって、室町幕府が成立したとされています。ここで注目したいのは、この建武式目の冒頭〈鎌倉もとの如く柳営たるべきか、他所たるべきや否やの事〉です。

つまり、もとのまま幕府を鎌倉に置くか、他の場所に移すか。これが冒頭に来ている。すなわち新政権にとって特別な課題であったことをうかがわせます。

その条項の内容も興味深い。簡単に紹介しますと、鎌倉は初めて武士が政権を構えたところで、承久の乱で北条義時が天下を取ったという、武家にとってもっとも縁起のいい場所である。しかし、得宗の専横により滅亡してしまった。政権の場所の興廃は良い政治かどうかで決まる、と述べてきて、〈ただし、諸人もし遷移せんと欲せば、衆人の情にしたがふべきか〉と結ばれます。ただし、みんなが幕府を鎌倉から移したいのであれば、大多数の意見に従おう、と。

つまり前半は、北条氏は悪い政治をしたので滅亡したが、だからといって鎌倉が悪いわけではない、と鎌倉にとどまることを示唆しているのですが、最後になって、みんなが移したいのであればそうしよう、といっているわけです。

足利軍は、後醍醐天皇側の新田義貞軍を箱根で打ち破りました。そこで、「鎌倉に帰るか」「京都に上るか」という議論が起こります。

このとき、「朝廷に近すぎるといずれ滅亡の道をたどるから、鎌倉で幕府を開くべきだ」と進言したのが、尊氏の弟である足利直義でした。もともと尊氏と直義は非常に仲が良く、直義は数々の軍功を立てて、兄を支えました。しかし、直義の「鎌倉へ帰りましょう」という意見は通らず、京都へ向かうことになったのです。

発足した足利体制において、尊氏は軍事部門を、直義は行政部門を統括します。建武式目の制定をリードしたのも直義とされています。直義に異を唱えられるのは、尊氏しかいません。尊氏が、京都に幕府を開くことを選んだのです。

やがて直義は、尊氏の腹心である高師直《こうのもろなお》と対立するようになり、できたばかりの幕府を二分する戦いを起こします。一三五〇～一三五二年にわたった観応《かんのう》の擾乱《じょうらん》です。

経済の中心地を選んだ尊氏

では、なぜ尊氏は弟・直義と対立してまで、京都を選んだのでしょうか。ひとつには朝廷との関係です。直義ができるだけ朝廷と距離を取る、頼朝方式を提案したのに対し、尊氏は朝廷に関与し、政局の運営に生かそうとしました。朝廷と距離を取るか、宥和政策を取るか。この対立は室町幕府の終わりまで、伏流となって続き、ときに大きな亀裂を生むのです。

尊氏が京都を選んだ理由は、もうひとつありました。それは経済です。前章でも述べたように、鎌倉幕府は貨幣経済に対応できず滅びました。直義の路線は、「だから武士は本分である農に立ち返り、京都のような消費の中心には近づくべきではない」というものです。それに対し、尊氏は経済・流通の流れから外れている鎌倉を捨て、あえて経済・流通の中心地である京都に幕府を構え、新しい貨幣経済に立脚した統治を目指したのです。

室町幕府は、直轄領からの収入や、守護・地頭から上がってくる税といった従来のもののほかに、京都で高利貸しを営む土倉・酒屋から徴収する土倉役・酒屋役や、日明貿易の収入を財源としていきます。建武式目の中にも、〈無尽銭や土倉の営業を盛んにするべき事〉という一条があります。無尽銭とは質を担保に貸すお金のことで、貨幣経済の促進もうたわれていました。

たとえば一三七一年、天皇の即位に際して、諸国に税を課したとき、幕府と朝廷は土倉から一軒当たり三十貫文を徴収しています。いまでいえば、三百万円といったところでしょう。その額は、田地に換算すると、三十〜六十町となり、鎌倉時代の御家人の給田に相当しました。財源としても、商人の存在は非常に重要なものとなっていったのです。

尊氏と直義の幕府を二分する「兄弟喧嘩」は、単なる感情的な対立でなく、幕府の基本方針をめぐるものでした。「朝廷」と「経済」という京都の二つの顔が、仲の良かった兄弟を引き裂いたのです。

? 南北朝はなぜ五十年あまりも続いたのか

一三三六年、足利尊氏が後醍醐に代わる新たな天皇として、光明天皇を擁立します（北朝）。それに対し、後醍醐天皇は京都を脱し、吉野で自分こそが正統な天皇だと主張し続けます（南朝）。これが南北朝のはじまりです。

ことの起こりは、鎌倉後期の一二七二年、後嵯峨上皇の死後、後深草上皇と亀山天皇の間に、どちらの流れが天皇となるかをめぐって対立が生じます。この後、幕府の介入もあり、二つの系列が交互に皇位に即くことが決まります。これが両統迭立です。後深草系の荘園が持明院領、亀山系の荘園が大覚寺領であったことから、それぞれ持明院統と大覚寺統となります。これには、朝廷を二分して力を削ごうという幕府の思惑も働いていました。後醍醐天皇は大覚寺統、光明天皇は持明院統になります。

北朝＝幕府側の攻撃の前に、南朝側は楠木正成も戦死し、ついには吉野宮も焼き払われるなど、劣勢に立たされます。

話がややこしくなるのは、一三五〇年、観応の擾乱が起きてからです。兄との戦いに備え、足利直義が南朝に降伏しました。それによって、直義もまた天皇をいただいて戦えることになります。

ところがさらに厄介なことに、翌一三五一年、尊氏も南朝と和睦し、直義追討の綸旨を得るのです。その交換条件として、北朝の崇《す》光《こう》天皇を廃し、南朝の後村上天皇を認めて、年号も南朝の「正平」に統一しました。

このとき、直義は鎌倉に移っていました。尊氏は自ら鎌倉に進軍し、直義を討とうとしたのですが、自分が京都を留守にする間、わずかな手勢とはいえ、南朝軍が入京したらどうなるか、と考えます。京都は攻めやすく、守りにくい。そこで尊氏は南朝と手を結んだのです。直義を倒したのち、尊氏は北朝を復活させます。

その後も、直義の養子である足利直冬《ただふゆ》が南朝側に立って戦い続けたり、北畠親房が北朝の三人の上皇を拉致したり、といったつばぜり合いは続くものの、南朝は最初の五年間ほどで兵力を失ってしまい、本格的に戦争を続けられる状態ではありませんでした。

朝廷を二分させておくメリット

しかし、結局、南朝は五十年あまりも続きます。それはなぜか。

私はここに両統迭立と同じ論理が働いていたと考えます。初期の足利政権にとっては、皇統が一つにまとまり、その力が復活することは望ましくなかった。だから、あえて分裂したままで、互いを相対化させようとしたのではないか。南朝を生き延びさせることで、北朝の正統性をあえて不安定なままにしておく。すると、北朝は室町幕府に依存するほかなくなります。それだけ初期の室町幕府は軍事的にはともかく、政治的基盤が脆弱《ぜいじゃく》だったということもできるでしょう。

南北朝が統一されたのは、一三九二年、三代将軍義満のときでした。この段階になると、ようやく朝廷は警戒すべき存在ではなくなっていたのです。

? 細川頼之がつくった「義満一三九二年体制」

室町幕府が絶頂期を迎えたのは三代将軍足利義満の時代でした。そもそも「室町」の名称は、義満が邸宅を築いた地名に由来します。義満は室町殿と呼ばれていました。

この義満を子どもの頃から補佐したのが、細川頼之《よりゆき》でした。義満の父である二代将軍義詮は死の直前、頼之を管領に就け、十歳の長男、義満を託します。翌年、義満が元服したときは、頼之が仮親になって烏帽子《えぼし》を被《かぶ》せる烏帽子親を務めました。

実はこのとき、足利政権には二つのグループがありました。尊氏派と直義派です。尊氏、直義の死後も、両者の支持派閥は残り、対立を続けていました。

尊氏派は管領である細川氏を中心に赤松、京極、一色の各氏。対する直義派は、三管領家の斯波《しば》氏をはじめ、山名、大内、土岐氏でした。両者の対立は、そのまま尊氏vs.直義の対立を継承していました。つまり尊氏派が朝廷宥和派であり、直義派は朝幕分離派といっていいでしょう。

義満がこれまでの将軍と違ったのは、貴族としても出世していったことです。尊氏と義詮が権大納言で終わったのに対して、義満は内大臣、右大臣、左大臣、太政大臣と官位を上げていきました。

注目すべきは一三八二年に左大臣に就任したことです。平清盛も義満と同じ太政大臣まで昇進しましたが、左大臣は経験していません。実は、貴族社会では、この左大臣を経験しているかどうかが重要なのです。左大臣は、朝廷の伝統的な儀式を指揮する立場だからです。

ずっと武士だった平清盛は、伝統的な儀式についての知識や教養がなかったため、このポジションをこなすことはできませんでした。義満の場合は、細川頼之が家庭教師をつけて教養を身につけさせました。当時を代表する文化人、二条良基です。義満は左大臣として儀式を指揮し、貴族としてもトップクラスの実力を示したのです。

尊氏、義詮の時代には、貴族たちが将軍のところへ頭を下げにくることはありませんでした。たとえば、義詮が尊氏追善の仏事を営んでも、関係が深い貴族が数人参列する程度でした。また尊氏が将軍だからといって、権大納言の尊氏に左大臣や右大臣の貴族は頭を下げづらい。しかし、義満が祖父や父の仏事を営むと、ほとんどの一流貴族が参列しました。義満が貴族としても彼らの上司にあたるからです。

公武合体のグランドデザイン

　義満が子どもの頃から官位を上げたのは、義満が望んだというより、細川頼之が敷いたレールだったと思います。つまり、頼之は義満を貴族のトップに上らせ、朝廷を飲み込む〝室町王権〟、公武合体のグランドデザインを描いたのです。

　そうした足利義満‐細川頼之の構想は、一三九一年から翌九二年にかけて、一気に結実します。まず一三九一年の明徳の乱です。当時、足利家にとっての最大のライバルは、十一カ国もの守護を兼務し、「六分の一殿」（領国が全国の六分の一に及ぶため）と呼ばれた、直義派の山名氏清でした。その山名氏の内紛に介入し、氏清を討った。これによって室町幕府はようやく軍事的な覇権を確立したのです。

　さらには京都の完全掌握です。もともと京都の商人を管理していたのは、朝廷の検非違使庁でした。それに対し、室町幕府は侍所を設置し、警察権を握ると、京都の土地に関する行政・裁判権、債務・債権の裁判権も手にし、一三九二年についに課税権も確立します。つまり朝廷の利権を奪い、その役割を吸収したことになります。

　さらに細川頼之が行ったのは東国の切り離しでした。もともと室町幕府は、関東地方を管轄する関東公方を置いていたのですが、この年に、東北地方も関東公方に任せることとしました。つまり、室町幕府の責任が及ぶ範囲を中部地方から西に限定し、経済を主軸とした西国政権としての姿勢をより明確にしたことになります。

もともと足利尊氏は「遠国のことは少々上意のごとくならずとも、これを差し置く」としていました。すなわち東北などの遠くの国は、将軍の意のままにならないことがあっても、放っておけばいいと述べていました。ここでも義満－頼之の政策が、尊氏路線を継いでいることがわかります。

そして細川頼之の政権構想の総仕上げが、南北朝の合一でした。南朝は消滅した、そして、北朝も完全に支配下に置いた。義満政権はそう判断したのです。

歴史学の世界では、義満が天皇になろうとしたかどうか、という議論があります。私の見解は、「なる必要がなかった」というものです。もはや貴族社会のトップに立ち、天皇家も完全に抑え込んだ。事実上、天皇以上の立場にある義満が、わざわざ天皇になる必要はどこにもありません。

義満の死後、朝廷から「義満に上皇の称号を贈りたい」という提案がありました。これが実現していたら、名実ともに天皇以上の存在となったはずですが、四代将軍になった足利義持はこれを断ります。幕府と朝廷は別々の存在であるべきだ、というわけです。つまり「京都か鎌倉か」問題です。

父である義満に愛されていなかった義持は、義満のやることなすことをすべてひっくり返しました。義持のバックについていたのは、直義派のリーダー格である斯波義将《よしまさ》でした。

組織において、初期の設計が、その性格を決定することがあります。会社における社風などもその一つかもしれません。

? 応仁の乱は尊氏派 vs.直義派の最終決戦だった

応仁の乱（一四六七〜一四七七年）は、足利将軍家の権威と権力が失墜するなか、将軍家の後継者問題や有力な守護大名の家督争いが重なって起きたと説明されます。

この戦いをミクロで見ると、多くの一族が敵と味方に分かれ、複雑に入り乱れていきますが、本書では思いきり俯瞰して、マクロに捉えたいと思います。

この応仁の乱で、東軍のリーダーとなったのは細川勝元、対する西軍のリーダーは山名宗全でした。そして東軍に集まったのが細川氏とは長年の盟友である赤松氏をはじめ、ずっと細川グループにいた守護大名たちです。かつて細川グループだった一色はなぜか西軍につきましたが、他の西軍の主力は土岐氏、大内氏です。

こうしてみると一目瞭然、尊氏派と直義派の対立なのです。直義グループのリーダーは斯波氏でしたが、当主が若死にするなどで力を失い、明徳の乱で一時は衰えた山名氏がカムバックしてきました。ただ違うのは、朝廷との関係はもはや争点ではなくなり、単に幕府の主導権を争う派閥抗争になっていたことです。

先にも述べましたが、室町幕府のピークは、義満の時代です。そのときの主流派は細川氏で、山名、土岐、大内といった西軍のメンバーは、いずれも義満・細川体制で力を削がれた家でした。

細川家は室町時代を通じて、長らく政権側のリーダーの座に就いてきました。鎌倉幕府が北条政権になったように、室町幕府は、途中から細川政権だったと見ることができるかもしれません。その意味では、応仁の乱は旧直義派＝反細川派のリベンジマッチといえるでしょう。

応仁の乱は、十年あまりにわたってダラダラ続きました。室町幕府滅亡の原因とされることも多いのですが、足利将軍家はとっくに求心力を失い、それ以前から守護大名を統制する力を失っていました。だから単なる家督争いがいつまでも収まらなくなるのです。応仁の乱は幕府滅亡の原因というよりも、幕府衰退の結果だといえるでしょう。

むしろ応仁の乱による最大の影響は、京都の荒廃だったと思います。大きな戦いはなく、あちこちで小競り合いが起こるうちに、京都は焼け野原になってしまいます。戦いが長引くと、有力な守護大名は「もう京都にいてもしょうがないな」と国元へ帰っていきます。貴族たちのなかには、京都を逃げ出す者も少なくありませんでした。室町幕府は京都の経済力に立脚した政権でしたから、その力を決定的に失ったのは当然といえます。

応仁の乱には、勝者がいないともいわれます。最終的には、将軍家の後継者争いが和睦で終わったからです。しかし幕府内では、細川政元の専制政治がはじまりました。山名グループが企んだ細川打倒は失敗に終わり、細川がさらに権力を強めたという意味では、東軍の勝ちと見ていいでしょう。

しかし、細川氏の権力も、室町幕府という器があってのことでした。こんどは細川政権内で抗争が起きて、あっという間に自壊し、あとは、目的のない権力闘争が続きました。誰にも勝負を決するだけの力がないのです。

京都という中心が力を失ったことで、地方の時代が始まります。その土地土地に根差した在地の王たちが生き残りをかけて、しのぎを削る戦国時代がやって来ます。

第六章　戦国時代

? 戦国時代とは何か

戦国時代とは何か？　実はこの問いは意外と難しいのです。一五七三年、十五代将軍足利義昭が、織田信長によって京都を追われた時点が室町幕府の滅亡だとされていますが、ここまでを室町時代だとする一方で、一五六八年、信長の入京をもって安土桃山時代が開始された、とすると、戦国時代というものがなくなってしまいます。また研究者のなかには、義昭は、織田信長によって京都から追放された後も、鞆《とも》の浦（現在の広島県福山市）に逃れて、「鞆幕府」を開いているから、足利幕府はまだ続いたんだという人もいます。戦国時代には朝廷や幕府といった政治主体が存在しないので、時代区分としてふさわしくないという人もいます。

研究対象としても、戦国時代は他の時代とは違う、独特の難しさがあります。まず天皇家や将軍家が発する正式な文書が少なくなります。

伝統的な文書がほとんどなくなり、各地の戦国大名家から出される文書は従来の体系を引き継いでいないケースも少なくありません。歴史学者の大切にする古文書が少ないわけです。

　また、日記などの古記録も多くありません。京都などの中心が機能している時代には、そこにいる貴族や僧侶に情報が集まるのですが、そうした中心が失われると、日記を残していたとしても、そこに書かれる情報は限定的なものになります。

　各地の戦国大名が文書を出していますが、従来のフォーマットに必ずしも則っていない。その地方地方で独特の書き方になっている。いわば方言で書かれているようなものですが、文書読解においては形式が重要なので、形式が整っていないと理解にてこずるのです。

　さらに歴史書も『吾妻鏡』のような幕府編纂の公式なものがなく、『信長公記』や『甲陽軍鑑』などの軍記しかありません。これを史料として使うのは、かなり注意が必要です。

　たとえば信長の言行を最も詳しく伝えている『信長公記』は、信長、秀吉に仕えた太田牛一《ぎゅういち》が書いたものですが、基本的には自分たちの軍功を中心に書かれており、自分の活躍を強調したり、人から依頼されると、その人や関係者を目立たせたりといった脚色が随所に施されています。

　戦国時代について書かれた歴史書のなかで信用できる記述が多いのは、ポルトガルの宣教師、ルイス・フロイスが書いた『日本史』だと思います。日本に来た目的が布教なので、バイアスがかかっているとか、日本への偏見があるとか、日本語を解さない書き手の限界がある、といった指摘もありますが、ある程度の客観性があり、貴重な資料であることは間違いありません。

将軍をすげ替えた明応の政変

そもそも戦国時代を論じるのは難しい、という話でした。

一般的にいって、戦国時代の始まりとして有力な説は二つあります。ひとつは、「応仁の乱」。もうひとつが一四九三年の「明応の政変」です。

応仁の乱は前の章で論じたので、ここでは明応の政変についてみていきましょう。これは応仁の乱後、幕府の主導権を握った細川政元が、十代将軍足利義稙《よしたね》を強引に廃して、足利義澄を十一代将軍として立てたクーデターでした。

これまでにも室町将軍が暗殺された事件はありました。六代将軍義教が赤松満祐《みつすけ》に殺された嘉吉の変です。しかし、このときは、赤松は謀反人として討伐されています。それに対し、細川政元の場合は、義稙側に立つ者は誰もいない。政元はそのまま幕府の実権を握ったのです。

この時期、もうひとつ大きな動きが東国でありました。当時、関東公方は鎌倉を離れて、古河（現在の茨城県古河市）にいました。これを古河公方といいます。鎌倉に公方がいなくなったので、八代将軍義政がもう一人派遣するのですが、鎌倉に入れず伊豆の韮山《にらやま》あたりに留まりました。これが堀越公方です。この堀越公方のところでも後継者争いが起きます。明応の政変で将軍となった義澄は、堀越公方の子でした。

このとき、伊勢新九郎盛時が京都から下り、争いを収めようとします。新九郎は、名門伊勢氏の一族の出身で、細川政元と連携していたという説もあります。この新九郎が最初の戦国大名といわれる、後の北条早雲でした。早雲はやがて幕府とは関係なく、伊豆地方を平定していくのです。

エリート大名が戦国大名に進化できなかった理由

では、戦国大名とは何か？

鎌倉時代の守護は、ひとことで言えば幕府が任命し、派遣する「役職」でした。

これが室町幕府になると、守護の権限は拡大します。南北朝時代には、幕府が各地に守護として有力武士を派遣し、その土地の武士たちをまとめるように要請します。要するに、その土地土地で動員をかけ、幕府の戦力とせよ、というわけです。
地元の武士たちを手なずけられず、動員に失敗すると別の武士が派遣されます。こうした淘汰を経て、その地域に根付いた有力武士が地元を束ね主従関係を結んでいくことで、守護大名に成長します。鎌倉時代の守護は、地元の武士たちにとっては、ちょっと力のある「兄貴」的存在でしたが、室町時代には権力を持った「親分」となり、土地の領主となるのです。

しかし、戦国大名との違いは、守護大名はあくまで足利将軍の代理であり、室町幕府をバックに権力をふるっていた点です。これに対して戦国大名は、何の後ろ盾もなく、自分の力で地方を支配する存在です。

駿河の今川氏、甲斐の武田氏のように、室町時代の守護大名がそのまま戦国大名になるケースもありました。今川氏は一五二六年に「今川仮名目録」という分国法を制定します。東国では最も古い分国法です。そこには「駿河国は今川家が独力で平和を守っている」とか「この平穏な暮らしは今川家のおかげだからすべて今川家に任せなさい」といったことが書いてある。要するに、駿河国においては将軍も天皇も関係ない。今川家が治めているのだからこの国に何人《なんぴと》も手を突っ込むなよと宣言しているわけです。これが戦国大名であり、自分で自分の国を守る力を持った存在なのです。

前章で述べたように、応仁の乱をきっかけに守護大名が京都を離れて地元へ帰っていきましたが、応仁の乱の時に京都で戦っていた守護大名のほとんどは、戦国大名になれませんでした。

実は守護大名にも二種類あったのです。京都で幕府の中枢にかかわるエリート大名と、ずっと地方に置かれた、いわば〝二軍〟の大名です。守護大名で戦国大名に成長できたのは、京都に常駐していないグループでした。先に挙げた武田、今川のほか、九州の島津家や大友家などです。

一方、エリート大名たちは、京都に常駐することを求められました。そのため、どうしても領地との結びつきは弱くなります。急に帰ってきても、配下の武士たちが言うことを聞かないのです。

京都に常駐していた守護大名の代わりに、国を守っていたのが守護代です。実質的に、地元を領主として治めてきた守護代が、戦国大名となっていく事例も見られます。

たとえば、出雲国の守護は京極氏でしたが、その守護代の尼子氏が戦国大名となります。また斯波氏が守護だった越前国は、守護代が甲斐氏。その下の国人だった朝倉孝景《たかかげ》が甲斐氏を打ち破り、さらに斯波氏から権力を奪取します。

尾張国の守護だったのも斯波氏でした。その守護代が織田氏です。織田信長の家柄は織田氏の中でも分家として下位にありましたが、信長の祖父である信定と父の信秀が勢力を拡大していきます。こうした土台を引き継いだ信長が斯波氏に代わって尾張国を支配するようになったのです。

たとえていえば、大企業の本社勤務のエリート社員たちが、いきなり地方の支社で社長をやれ、といわれて行ってみると、工場長に会社を乗っ取られた。それに対し、子会社の中小企業に出向して、現場でともに汗を流してきた社長たちは、独立して会社を大きくしていった、そんなイメージでしょうか。

?「信長＝普通の戦国大名」説に反論する

織田信長といえば、比叡山の焼き討ち、足利将軍を京都から追放するなど既存の権力にとらわれず、楽市楽座などの商業の振興などさまざまな革新的な政策を行い、天下統一を目指した武将というのが、これまでの「定説」でした。

それに対し、近年ではこれに疑義を呈する「最新学説」が注目を集めています。曰く、楽市楽座などは信長の発明ではなく他の大名もやっている。曰く、比叡山の焼き討ちも何度も交渉を行うなど手順を踏んで進めているし、将軍や天皇の権威を重んじていたから、革新的な武将とはいえない。曰く、そもそも信長が印に刻んだ「天下布武」の「天下」は当時の使い方では畿内を指し、全国統一は目指していなかった、といった具合です。

個々の研究には、参考にすべき点も多々ありますが、私は「信長は他の戦国大名とは一線を画す存在であり、天下統一を推し進め、歴史を決定的に動かした」というかつての「定説」のほうが妥当だと考えています。

まず何より、なぜ信長・秀吉によって日本に統一国家が生まれたのか、それを説明しなくてはなりません。もし信長に天下統一の意志がなかったとすれば、秀吉の独創だったということになりますが、そういう主張はあまり聞こえてきません。

本拠地を次々変えた信長

　そもそも基本的に戦国大名が目指していたのは、自分の独立国を守ることでした。そのために隣接する国々を侵略して自国の盾にするという発想です。今川義元は駿河を守るために遠江《とおとうみ》を取り、さらに隣の三河も狙う。武田信玄は甲斐を守るために、信濃に攻め込む。これが普通のパターンです。だから、彼らは自分の本拠地にずっととどまりました。

　武田信玄は信濃、駿河、上野、遠江などを支配しながら、居城は生涯、甲府の躑躅《つつじ》ケ《が》崎《さき》館《やかた》でした。あれだけ広大な信濃国を手に入れたのだから、諏訪辺りに本拠地を移した方が防衛に役立つのではないかと思うのですが、甲府から動きません。上杉謙信は軍神と呼ばれるほど無敵を誇りましたが、生まれ育った越後の春日山城に住み続けました。

　それに対して、信長は自分の居城を次々と変えていきました。尾張の清洲城から始まり、小牧山城、美濃の岐阜城、そして安土城と侵略先に移していきます。信玄、謙信と比較すると、その異例さがわかると思います。

領地という「面」より経済という「線」

　信玄や謙信は国を「面」で捉えていました。だから信玄は信濃一国の全域を支配することにこだわった。それに対して、信長は「道」あるいは「流通網」といった「線」を重視しています。これは貨幣経済の発想です。だから、信長は経済の中心地であり、交通の要所であった京都を押さえ、堺を握り、大坂に進出しようとしていました。その先は瀬戸内海です。天下＝畿内を「面」として支配する発想ではありません。

　信長が比叡山の焼き討ちを行ったのも、経済、交通の要所としての京都を確保するためにほかなりません。比叡山の門前町は近江坂本（現在の滋賀県大津市）です。坂本には琵琶湖の水運を通じて、日本海交易の荷物が集まっており、馬借、今でいえば運送業者が数多くいました。その馬借たちが馬に荷物を載せ、京都の町に品物を持ち込んでくるわけですが、そこに税金をかけることができたのが比叡山でした。加えて、室町時代の京都の経済界で大きな力を持っていたのも比叡山の僧侶でした。

　また比叡山は、地政学的にも京都への交通を容易に妨害できるポイントに位置していました。そして浅井・朝倉連合軍と組んで、軍事行動にまで乗り出してきたのです。信長はそうした世俗権力としての比叡山、言い換えれば比叡山という戦国大名を潰しにかかったのだと考えます。

また「最新学説」のなかには、信長は、その前に畿内を支配していた三好長慶と本質的には変わらない、というものもあります。しかし、信長は明らかに畿内の先を見ていました。また軍事力を見ると両者の違いは明らかで、三好は阿波国を本拠地として数千人を動かしましたが、信長は数万の単位で軍勢を操っていました。

信長が天下統一を考えたのも、各地方がパズルのピースのようにバラバラになっている戦国の世では、経済がうまく回らないと考えたからだと思います。楽市楽座などの個別の政策は、そうしたグランドデザインに結びついたとき、大きな意味を持ちます。信長が時代を動かす存在だったのは、彼のパーソナリティもありますが、日本を統一し、経済を回すという彼の構想が、次の時代のニーズを指し示すものだったからではないでしょうか。

そうした信長の「革新性」に鋭く反応した、新しいプレイヤーとは、商人だったと思います。堺の商人たちが信長と手を組んだのは、たまたまではありません。

？信長最大のライバルは一向宗だった

織田信長のライバルとして思い浮かぶのは誰でしょうか。最強軍団を率いた武田信玄？執念深く反信長包囲網をつくろうとし続けた足利義昭？

そもそも戦国大名というのは、基本的に自分の国を守る権力です。しかし、一国だけでは対応しきれない要素が二つありました。ひとつは国をまたいで流通が結びつく「経済」、そしてもうひとつが「宗教」です。経済を軸に天下統一を考えていた信長に対し、同じく国境を越えた展開をみせていたのが浄土真宗本願寺教団、いわゆる一向宗でした。

門徒たちによる一向一揆は、多くの国の大名にとって頭痛のタネでした。たとえば加賀の一向一揆は、大名をしのぐ権力となり、国を支配してしまいます。徳川家康は真っ向から戦いましたが、上杉謙信は途中から手を結ぶ方向に切り替えます。武田信玄は最初から融和的な政策をとっていました。しかもうまい具合に正室（三条の方）の妹が本願寺宗主・顕如の元に嫁いだため、安定した関係を作ることができました。信長が選択したのは全面戦争でした。伊勢・長島一向一揆、越前一向一揆、そして石山本願寺との対決。その戦いは激しく、長期間にわたるものとなりました。

タテの原理vs.ヨコの原理

また信長と一向宗は、組織論から見ても、対極的な存在です。信長が志向したのは、自分を頂点としたピラミッド型の組織でした。自分の命令を、たとえば明智光秀や羽柴秀吉といった配下の武将に伝え、秀吉たちは自分たちの部下に伝える。そうした連鎖のなかで一番下まで自分の意志が誤りなく貫かれることを求めたのです。こうしたタテ型組織の典型が近代軍隊でしょう。

これに対し、一向宗は基本的に村落に拠点を持ち、横のつながりの中で発展していきます。村落はおおむね地主・作人・下人の三階層から成っていましたが、地主は隣の地主と、作人は作人と、下人は下人と手を結び、村落同士を横につなげていきます。この根本にあったのが「阿弥陀の前ではみな平等」というヨコの原理でした。

信長vs.一向宗は異なる組織原理のぶつかり合いでもあったのです。私が一向宗こそ、信長にとって相容れない、最大の敵だと考えるゆえんです。

組織論という点で付け加えておきたいのが、信長の家臣統制です。その異質さを端的にあらわすのが、領地替えでした。もともと戦国大名のもとに集まった武士たちは、それぞれが代々の領地を持っている、いわば小領主でした。彼らは領地を安堵してくれるから、戦国大名のために戦うのです。その意味では、鎌倉時代の御家人たちと、基本構造は変わりありません。

それに対して、信長は、たとえば丹波を与えた明智光秀から領地を取り上げてしまいます。そして、もっといい領地を取りに行け、と命じる。家臣を土地から切り離し、鉢植えのように移動させるのです。こんなことは他の武将にはできません。そもそも出自もはっきりしない光秀や秀吉らを重用したこと自体、信長の他には見られない独自性をあらわすものでしょう。

? 西国大名のグローバル度

西国（近畿から西にある中国・四国・九州）に領地を有する大名のことを「西国大名」といいます。安芸（現在の広島県）の毛利、豊後（現在の大分県）の大友、薩摩（現在の鹿児島県）の島津などがその代表です。

彼らが何を目指したのかという問いに答えるのは、実は簡単ではありません。たとえば島津義久は九州を統一しようという動きを見せていました。ただ、島津氏の考え方は結局のところ〝鹿児島第一主義〟であり、秀吉の九州侵攻に対抗する国防上の作戦としての九州統一戦だったと思われます。

一方、毛利元就は「天下に色気を出すな」と言ったと伝えられています。実際、元就の行動からは、領地としては中国地方をまとめるだけで十分だという姿勢がうかがえます。興味深いのは、元就が石見銀山の支配に力を注ぎ、加えて博多を手に入れる野望も持っていたことです。当時、日本の銀の産出量は、一説には世界の三分の一に及ぶともされています。なかでも石見は日本最大の銀山でした。当時の世界経済は、新大陸からスペインが運び出した銀と、日本からポルトガルが持ち出した銀が動かしていたともいわれます。その銀が毛利を支えていたのです。その意味で、経済で国を豊かにするという考え方は持っていた。その結果、総石高百二十万石、実高ではそれを上回る力を蓄えるようになったのです。元就からすると、近畿はともかく、自国よりも裕福とはいえない地域には目を向ける必要がなかったのかもしれません。いわゆるコスパが悪いのです。

ただし、中国地方は豊かな地域で、毛利氏のほかにも尼子氏、大内氏など有力大名が地盤を築いていました。防衛戦としての領地拡大は行っていたと考えられます。その意味では、中国の覇者となったのは、あくまでも結果論だったかもしれません。

ちなみに元就の死後、この石見銀山に目をつけ、自分のものとしたのが豊臣秀吉でした。石見の銀は天下統一の資金源でもあったのです。

興味深いのは、九州、西国にキリシタン大名が多いことです。反対に東国には、ほとんど見られません。しかし、彼らキリシタン大名のなかで、本当の意味での信仰心があったのは高山右近くらいではないでしょうか。

やはりキリシタン大名が着目したのは、ポルトガルやスペインがもたらす西洋の文物、文明だったと思います。ことに鉄砲や大砲などの兵器です。先進的な文物を得るために、宗教を取り入れるという意味では、キリシタン大名にとってのキリスト教は、ヤマト王権にとっての仏教と似ているかもしれません。

　九州をはじめとする西国が当時のグローバル化の先進地だったことは、イエズス会の宣教師たちの足跡からもうかがえます。フランシスコ・ザビエルは鹿児島に上陸し、平戸、山口を経て、堺、京都に入っています。『日本史』の著者であるルイス・フロイスや、『日本巡察記』を記したヴァリニャーノも、主な活動の舞台は九州から畿内でした。

　最盛期には九州北部の六カ国を支配した大友宗麟は、宣教師を通じてフランキ砲を購入し、キリスト教の国をつくろうとしました。大村純忠《すみただ》は長崎をイエズス会に寄進しています。こうしてみると、戦国時代の西日本、特に九州は、外圧＝グローバル度がかなり高い状態にあったといえるでしょう。

？ 秀吉はなぜ家康を潰さなかったのか

信長、秀吉、家康の三者は、これまでもよく比較されてきました。このなかで、私がよくわからないのが秀吉です。

一番理解できないのは、二度の「朝鮮出兵」（文禄の役・慶長の役）で二十万人ともいわれる膨大な兵力を送り込む力があるのなら、なぜ徳川家康を潰さなかったのか、ということです。自分の死後も、豊臣政権を継続させたいと思うのなら、家康が最大のライバルになることは誰の目にも明らかでした。朝鮮出兵に動員した兵で包囲すれば、さすがの家康の命脈も尽きたのではないでしょうか。

天下統一するまでの秀吉の大目標が、日本において中央集権国家をつくることだったのは間違いないでしょう。だからこそ、最強の敵でもある家康と手を組んだ。家康を味方につけることで、秀吉は島津征伐のため自ら鹿児島まで遠征できたのですし、小田原での北条氏との戦いにも、さらにはその後に会津にまで足を運ぶことができた。もし、家康との正面対決にこだわっていたら、全国統一はできなかったかもしれません。

また秀吉は、全国で「検地」を展開します。田畑の面積や石高などを調査する検地自体は、秀吉が初めて実施したものではありません。税を取るには、その土地の生産力を知る必要があります。古代、中世の荘園制下で検注と呼ばれていたものと基本的には同じことですが、その検地を全国規模で、しかも同一基準で実行した点が画期的なのです。そのために度量衡の統一も行いました。秀吉が定めた一升枡は太閤枡とも呼ばれます。太閤検地は、それ以降の土地制度の基盤となります。

いわゆる「刀狩令」や、領土紛争などの大名同士の私的な争いを禁じる「惣無事令」を出したのも同様です。天下統一というプロジェクトにおいて、秀吉が打った手は、どれも有効で、合理的です。

朝鮮出兵とアジアのグローバル化

また、一般には無謀な侵略とされている朝鮮出兵も、この時代のアジア世界にやってきたグローバル化で、かなり説明できると思います。朝鮮に兵を出した秀吉は、明との間に外交を行おうとします。朝鮮南部を日本の領土とし、明との貿易を復活させるという交渉は実りませんでしたが、当時、陰りを見せつつあった明に対し、たとえば女真族なども権益拡大を図っていることを考えると、そこまで突飛な発想ではなかったとも考えられます。

ただ誤算は、朝鮮の民衆や明軍の力を過小評価していたことだったとはいえるでしょう。

また秀吉はポルトガル領のゴア、スペイン領のマニラ、そして台湾にも服属と入貢を求めていますから、アジアの海洋にまで、信長流の交易の「線」を伸ばそうとしていました。

家康にしか託せなかった?

そうなると、やはり最後に残る謎は、家康に対する処遇です。

ひとつの可能性として、秀吉は自分なしで、豊臣家がこの日本を支配しつづけられるとは思っていなかった、とも考えられます。

一代で天下を取った秀吉は、家康らほかの戦国武将と異なり、代々の家臣もおらず、弟の秀長も亡くなって、有力な親族もいませんでした。五大老五奉行などの仕組みはなんとか作ったものの、それも秀吉あっての権力装置です。自分が仕上げたこの統一国家を運営できるのは誰か。そう考えると、家康しかいない。これも動かし難い事実でしょう。

秀吉は死の床に家康を呼び、くれぐれも秀頼を頼む、と懇願したと伝えられています。

これが事実だとしたら、どう考えたらいいのか。このとき秀吉は家康に、自分の王国を秀頼に継がせてくれ、と頼んだのではなく、そこそこの石高の大名でいいから、無事、豊臣家を生き延びさせてくれ、と頼んだのではないか、とも推測できます。

そもそも秀吉自身、まだ信長の子孫がたくさん生きているのに、信長の事業と軍団をわがものにしました。しかし、秀吉はそのことを後ろめたくは思っていなかったのではないか。彼らは信長様の血は継いでいるかもしれない。しかし、信長様の事業を継げる能力はない。天下統一の後継者は俺しかいないじゃないか、と。その理屈でいえば、秀吉を継げるのは、家康しかいないのです。だから家康を潰さなかった――。

というストーリーはどうでしょうか。史料などの裏付けのない話ですみません。逆にいうと、それくらい、晩年の秀吉はわからないことだらけなのです。

第七章　江戸時代

? 江戸時代　近代から見るか、中世から見るか

ある時期まで「江戸時代暗黒史観」とでもいうべき見方が一般的だったことがあります。庶民は身分制度に縛られ、女性の地位は低く、しょっちゅう飢饉に襲われて、農民は一揆をおこしては鎮圧されて処刑される——白土《しらと》三平《さんぺい》の『カムイ伝』の世界です。

これは正しい部分もあります。たしかに今でいう人権も未発達だし、さまざまな面で自由も制限され、貧しく不衛生な面も多々ありました。ただし、これは近代から見れば、の話です。

私も近代以降に生きていますが、仕事柄、中世のほうから江戸を考えることも少なくありません。すると、どんな歴史像が見えてくるか。

数値データに基づいて検討していきましょう。

平安時代中期、九三一年から九三八年に編纂された『和名類聚抄《わみょうるいじゅしょう》』という辞書があります。そこには当時、日本全国に八十六万町歩（一町歩＝約一ヘクタール）の田圃があったと書いてあります。その後、十四世紀の『拾芥抄《しゅうがいしょう》』という事典には九十四万町歩とあり、

四百年経ってもほとんど増えていません。

ところが、江戸時代、十七世紀の初めになると百六十三万町歩に増え、十八世紀初めには二百九十七万町歩と、わずか百年間で二倍近くに増えました。ちなみに現在は四百五十万町歩です。

だいたい、一町歩で十石の米が穫れるので、十八世紀初めは全国で約三千万石だったことになります。こんなに伸びたのは、東日本で稲作が盛んになり、石高が急増したからです。

たとえば、出羽国（現在の秋田県と山形県）は江戸初期には三十二万石でしたが、幕末にはなんと百五十万石と五倍になりました。東北地方の太平洋岸である陸奥国（現在の福島県、宮城県、岩手県、青森県と秋田県の一部）は百六十万石から三百万石に増えています。江戸時代の東北地方というと飢饉による飢餓のイメージもありますが、実際にはどんどん豊かになっていたのです。

人口でいえば、飛鳥時代の六〇〇年には全国でおよそ六百万人だったのが、江戸時代初めの一六〇〇年には千二百万人、その後の百年間でさらに二千五百万人にまで増えました。幕末になると三千万人です。江戸の幕藩体制はそれだけの人々を養うことができたのです。

こうやって数字を追うと、中世に比べて江戸時代の生活は格段によくなっていることがわかります。それはやはり平和の恩恵でしょう。平和だからこそ経済的にも豊かになり、識字率も世界一といわれるほど高くなりました。したがって、商取引や農産物の出来具合、日常の出来事などの記録も膨大になってきます。

このことは日本社会において意思決定に関わるメンバーが格段に増えたことを意味します。中世までは貴族と武士の時代でした。江戸になると、農民や町人が読み書きを学び、台頭してくる〝庶民の時代〟になります。

？「一六〇三年江戸幕府成立」説を疑う

家康がいつ天下を取り、幕府を開いたかについては、一般的には征夷大将軍に任命された一六〇三年とされています。

しかし、先述したように、鎌倉幕府も、室町幕府も、もはや「征夷大将軍に任命＝幕府成立」という図式を見直して、より幕府のあり方、権力の実情に近い年にしようとしています。それなのになぜ江戸時代だけ変わらないのでしょうか。

朝廷から征夷大将軍として任命されたとき、間違いなく徳川家康よりも源頼朝のほうが、ずっと重く受け止めていたでしょう。何といっても鎌倉幕府が誕生するまでは、朝廷が唯一の「政権」だったからです。家康の権力は、戦争に勝利した、という動かし難い事実に由来するもので、朝廷の公認などなくとも十分成立するものでした。

では、江戸幕府成立は、いつがいいのか。私は、家康が天下を治めた関ヶ原の戦いの年、一六〇〇年にするべきだと考えています。家康は関ヶ原の戦いの後、各大名に対して論功行賞を行い、加増あるいは減封、転封などを実施しました。武士にとって、土地の権利を保証してくれる者が主人です。これは鎌倉の昔から変わりません。関ヶ原の戦いに参加した武将たちが、家康による領地の決定を受け入れたとき、主従関係が結ばれます。それまで豊臣秀吉との間で成立していた契約が、家康名義に更新されたわけです。

こんな反論もあります。「関ヶ原の戦いが終わったあと、家康は伏見城にいた。江戸に戻ったのは、征夷大将軍に任命されてからだ。だから、一六〇〇年に江戸幕府が成立したとは言えない」と。家康がいた場所が、そんなに重要なのでしょうか。だったら、〝江戸〟にこだわらず、徳川幕府とでもいえばいいことになります。室町幕府でも、室町に居を構えたのは三代義満の頃でした。

また、一六一五年の大坂夏の陣までは、豊臣家は政権機能を失っておらず、大坂と江戸の「二重公儀体制」だったという説もあります。家康が将軍型公儀、豊臣秀頼が関白型公儀を担ったというものですが、そもそも秀頼は関白に就任もしていません。この説の根拠としては、家康が征夷大将軍に任命されて以降も、大名や勅使、公家が盛んに大坂へ挨拶に赴いていること、家康が秀頼に対しては臣従の証である手伝普請を命じていないこと、諸大名が徳川将軍家への臣従を誓った三カ条の誓詞に、秀頼が署名していないことなどが挙げられていますが、ここで問われるべきは、「公儀」とは何かという問題でしょう。公儀とは軍事権を握り、政治、警察権（治安）などを司る存在です。秀頼はそれらの力を持っていたわけではありません。

家康が日本のトップだったことを明確に示すのは外交です。家康は外交に強く興味を持ち、イギリス人の三浦按針（ウィリアム・アダムス）やオランダ人のヤン・ヨーステンをそばに抱えて、西洋との貿易にも力を入れます。また秀吉による朝鮮出兵の後始末として、朝鮮や明との外交も修復しています。つまり諸外国も家康を国の代表者として認めていたことになります。

この問題を考えるときに重要なのは「権力とは何か」という問いかけでしょう。家康は将軍になる前から天下人でしたし、一六〇五年、将軍の位を息子の徳川秀忠に譲ってからも天下人であり続けました。

? 江戸幕府の名君と暗君は誰か

江戸幕府における名君とは何か？　これもなかなか難しい問いです。

なぜなら徳川家康がつくり上げた長子相続を絶対とする将軍継承システムは名君を生まないシステムだったからです。あるいは名君を必要としないシステムといってもいいかもしれません。

二代将軍秀忠の子に、竹千代と国松の二人がいました。兄の竹千代は病弱で優秀とは言いがたく、弟の国松は才気煥発で、秀忠はこちらをより愛していたようです。ところが大御所家康が選んだのは竹千代でした。才能などで後継ぎを決めるとなると、必ず世継ぎ争いが起きる、たとえどんな子でも早く生まれたほうが世継ぎである、と。この竹千代が、三代将軍家光となります。

家康は同時に、将軍家に次ぐ家格として尾張、紀州、水戸の御三家を置きました。もし本家が途絶えたら、御三家から将軍を選ぶよう、スペアを作ったわけです。

実はこれまでの武家政権で、ここまで血筋にこだわる政権はありませんでした。それは江戸幕府だけが大奥を置いたことからも明らかです。これは中国の後宮制度を真似たのでしょう。中国の皇帝は天命を受けた天子であり、天子の血を受け継がないと天命は受けられない。そのため、他の血が混じらないように、後宮で血統を厳密に管理し、側室を大量に集めて後継ぎをたくさん作ったのです。家康はそこに君臣、父子の別をわきまえ、上下関係を重んじる儒教道徳も組み合わせました。兄と弟では無条件に兄が偉いのです。

この長子絶対システムでは、女性の地位、正確には母親の地位が下がります。たとえば三男の源頼朝が嫡男となったのは、母の家柄が良かったからですが、江戸幕府では、母親が誰だろうが関係ありません。側室となって世継ぎを産めば、実家も大名、あるいは旗本ぐらいには取り立てられました。ただし、せいぜい一万石程度で、それ以上の力を与えられることはありませんでした。

例外は、第十一代将軍家斉《いえなり》の寵愛を受けた側室のお美代の方（専行院）くらいでしょうか。お美代の方の養父は中野清茂という五百石の旗本でしたが、家斉の側近として力をふるいました。大名や幕臣、商人たちから賄賂を取ってやりたい放題だったと言われています。また、実父は僧侶でしたが、娘を使って家斉を動かし、自分が住職を務める寺を将軍家の御祈禱所にしたり、大奥の女中たちを呼び込んで、若く美しい僧に接待させるなどの放埒《ほうらつ》があったとされています。ただ、お美代の方が娘しか産まなかったことから、家斉死後は養父も実父も処罰されることになりました。

これは例外で、基本的に江戸幕府では、外戚が力を持つことはほとんどありませんでした。結局、家康の命じた長子相続制度は、危機を未然に救ったと言えるでしょう。将軍家がそうなれば、全国の大名も右へならえで、長子相続が原則となりました。

「優秀」と「名君」の違い

それでも徳川将軍十五代をみていくと、たしかに名君と呼べる人物も出てきます。名君と評判になった将軍のパターンのひとつは、直系が途絶えて、外から養子を迎えたときです。典型的なのは八代将軍吉宗でしょう。七代将軍家継《いえつぐ》が八歳の若さで急死してしまい、血筋が絶えてしまったので、御三家のうち紀州藩から将軍として迎えられたのです。

吉宗の施策としては享保の改革が有名ですが、冗費節約は一定の効果を上げたものの、のちに述べるように、悪化する幕府財政の根本的な解決とはなりませんでした。それ以外で、私が注目したいのは、吉宗の時代に「公事《くじ》方御定書《かたおさだめがき》」という判例集がまとめられたことです。先にも述べたように、鎌倉時代の裁判では判例や追加法などは保存されていませんでした。判例集の編纂は、法による支配において大きな進歩だったといえるでしょう。

また吉宗は、人材登用のために「足高《たしだか》の制」をつくります。江戸時代は、もともとどれくらいの知行をもらっているかが、役職に就く条件にもなっていました。それに対し、たとえば町奉行にしたいが知行が足りない、という場合に、幕府が必要な石高にまで知行を足して、役職に就けるという制度を設けました。こうして官僚組織の充実をはかったのです。

さらに徳川家としては、田安家、一橋家を創設し、将軍や徳川御三家の後継者の供給元をつくった功績も大きいでしょう。

名君をタイプ分けすると、個人的に優秀でリーダーシップを揮ったタイプと、本人は有能でなくても家来たちが実力を発揮したタイプに分かれます。後者の代表は、四代将軍の家綱です。「左様せい様」のあだ名があったほど、家来たちの意見を聞き入れました。家綱の頃は、松平信綱、酒井忠勝など有能で忠義心の厚い家臣が粒ぞろいだったので、家臣任せでもけっして悪い時代ではありませんでした。よき時代を築いたリーダーだから、家綱はたしかに名君の一人です。しかし家綱個人の資質や手腕が語られることはほとんどありません。上に立つ人は、基本的に個人の能力はそれほど問題ではありません。本人がどれだけ優秀でも、家来たちが動かなくて世の中がわるくなれば暗君です。

個人的な資質が高かったと思うのは、五代将軍の綱吉です。綱吉も直系の血筋が絶え、館林藩から養嗣子として迎えられました。

かつては「犬公方」と呼ばれて暗君の代表のように言われてきましたが、近年は「生類憐れみの令」の福祉政策としての側面が見いだされるなど、再評価が進んでいます。「生類憐れみの令」の一部である「捨て子禁止令」は、捨て子を予防するために、町ごとに子どもの人別帳を作らせています。

江戸時代は平和な時代と思われがちですが、初期の頃はまだまだ戦国の荒々しさが残っていました。もともと戦闘集団だった武士たちに、命を大事にせよと説くのは、大きな価値観の転換だったのです。儒学や能を好んだ文化人でもあり、湯島聖堂を建てたことでも知られています。

綱吉の墓は上野の寛永寺にありますが、すぐそばに吉宗の墓があります。紀州藩の四男だった吉宗は、ふつうは藩主にもなれなくて〝厄介叔父〟になる立場でした。その吉宗を見出したのが綱吉だったのです。紀州藩を訪ねた綱吉は、「おまえはなかなか見どころがある」と吉宗に三万石の扶持《ふち》を与えたのです。寛永寺でふたりのお墓がすぐ近くにあるのを見て、吉宗は綱吉の近くに葬られることを望んだのではないかと想像しました。

将軍は何もしないほうが家臣たちに人気があります。その代表が、先ほど触れた、側室を甘やかして外戚騒動を起こした十一代の家斉です。将軍在位五十年、大御所として四年、通算五十四年も幕府のトップを務めましたが、将軍としての実績はほとんどありません。しかし、家臣からの人気は絶大でした。四十人の側室がいて、男子二十六人、女子二十七人の父となります。育った子らは大名家に養子に出したり、嫁がせたりしています。ちなみにこの家斉も一橋家から迎えられた養子でした。

幕末で特筆すべきは十五代将軍慶喜でしょう。頭脳明晰であることで知られています。接した人たちはみな、個人の資質は非常に高い、と評価しているのですが、人気はまったくありませんでした。幕末の難局にその力を発揮することが期待されたのですが、結果として最後の将軍となってしまいました。逆に言えば、将軍に特別な有能さが求められるほど、幕末の危機は深刻だったといえるかもしれません。

徳川家臣の人事基準

徳川将軍家の家臣人事についても見ていきたいと思います。

幕政にも関わった朱子学者の新井白石は、徳川家の一族郎党を「武勲の家」と「補弼《ほひつ》の家」に分類しています。補弼の家とは家政、すなわち政治を司る役割です。家格からいうと圧倒的に武勲の家が高く、武勲を期待できない家来が政治を行うという位置づけでした。

武勲の家で代表的なのが、徳川四天王と呼ばれる酒井忠次、本多忠勝、榊原康政、井伊直政です。四天王は基本的に禄高は十万石程度です。家康の死後、酒井家がもう少し増え、井伊家も直政の十八万石から後に三十万石前後まで加増されますが、譜代大名は通常、十万石以下です。

武勲の家は政治に関わらないので、四天王で老中になった当主はほとんどいません。井伊家は大老になりますが、これは名誉職であり、老中に対して指図する権限はありませんでした。幕末の井伊直弼だけが例外的な存在です。

本多は本多でも、本多正信は補弼の家の代表的存在でした。家康・秀忠の参謀として幕政の中心にいたのですが、石高は一万~二万石でした。つまり、政治に関わる家の禄は低く抑えたのです。江戸幕府にとって、日本全国の経営管理よりも、まず徳川家を守ることが最重要事項でした。

徳川家を守り抜くことを考えた家康の設計は、大名の配置にもあらわれています。外様の多い西に井伊家の彦根藩、信任厚い藤堂家の津藩、さらに家康の次女の婿となった池田輝政の子孫が治めた岡山藩、三女の婿である浅野長晟《ながあきら》の広島藩など、徳川の関係者で防衛ラインを築きました。逆に徳川家と無関係な大名は九州や東北の奥地に押さえ込まれました。

家康が描いた徳川家防御の設計図はみごとに機能し、二百五十年間、持ちこたえました。最後には西南雄藩にひっくり返されるのですが、それも家康の予期した通りでした。ただ津藩や広島藩、岡山藩などがすでに守りの要とならず、長州藩を素通りさせてしまったのは、誤算だったかもしれません。

江戸幕府でも、時代を経るにしたがい、平和が続けば続くほど、軍事の役割が低下し、政治や経済の価値が上がってきます。武芸よりもそろばん勘定のうまい武士が幅をきかせてくるようになるのです。

その意味で時代を先取りしていたと思えるのは、豊臣秀吉の家臣の評価です。秀吉は家康とは逆に、武勲よりも実務、経営の才を高く評価しました。たとえば加藤清正といえば賤ヶ岳の七本槍の一人で、武勲の人のイメージですが、秀吉は清正の新田開発や治水工事のほうを高く評価していたのです。また石田三成、増田長盛ら実務系を重用したのも、軍事最優先のあの時代としては異色でした。秀吉の得意とした戦地でのロジスティックスや、兵力の大量動員などは、そうした実務系家臣たちの高い事務能力によるところも大きかったと思います。

また、もともとの家臣のいない秀吉は、他家の人材にも目を配り、すきあらばヘッドハンティングを仕掛けています。いわば戦国版のベンチャー企業だったといえるでしょう。

？「鎖国はなかった」説を外圧理論で考える

近年、盛んに論じられるようになった「最新学説」に「江戸時代に鎖国はなかった」というものがあります。

その最初の提唱者のひとりが、イリノイ大学の歴史学者であるロナルド・トビ教授でしょう。朝鮮や琉球通信使に焦点を当て、江戸幕府の外交政策の見直しを論じました。ちゃんと国交はあったじゃないかというわけです。

繰り返しになりますが、歴史の流れを読み取るには、前後の時代との比較が不可欠です。先にも見たように、戦国時代、安土桃山時代は、鉄砲伝来、イエズス会による布教活動、キリシタン大名、アジアへの出兵など、グローバル化の波が押し寄せてきた時代でした。家康にしてもオランダ、イギリスとの交易をはじめ、浦賀沖でのマニラ貿易など、海外との交易を積極的に模索していました。

そして江戸時代のあとの明治時代は、言うまでもありません。西洋文明の猛烈な流入と摂取の時代でした。ともに外圧レベルはⅡ～Ⅲと非常に高い時代だったのです。

では、この二つの時代と比較して、江戸時代はどうだったのか、と考えるべきではないでしょうか。

江戸幕府は禁教令やヨーロッパとの交易制限から始まって、一六三三年に第一次鎖国令を発布し、奉書船以外の渡航と、海外在住五年以上の日本人の帰国を禁じました。一六三六年の第四次鎖国令では、貿易に関係のない外国人と妻子を海外へ追放します。

鎖国を実施した大きな理由の一つはキリスト教の排除です。

一六三七〜一六三八年には島原の乱が起き、翌一六三九年に最後の第五次鎖国令が出され、ポルトガル船の入港が禁止されました。

こうして列挙するだけで、鎖国がなかったという議論は成り立たないことがわかるでしょう。こうした一連の措置によって、外圧レベルの高かった安土桃山時代から、海外からの影響を最小に抑え込むレベルⅠにしたのが江戸幕府だったのです。これはまた江戸幕府が、日本列島を鎖国によって縛ることができるパワーを持っていたことを意味します。

鎖国否定論のなかには「幕府はオランダからの情報によって、ペリー艦隊の来航を知っていたから、実は大したインパクトはなかった」という主張もあります。

幕府の首脳は、たしかにアメリカが日本に開国を迫るという情報をつかんでいました。

しかし、情報として知っていることと、実際に黒船という当時の最新鋭艦が浦賀沖に現れ、開国を迫ってきたこととでは、まるで違います。

もし、黒船が東京湾内に入ってきて艦砲射撃されたら、江戸はひとたまりもありません。海軍力のなかった当時の日本では、防衛のしようもないのです。また幕府は一八四〇年のアヘン戦争で清が惨敗を喫したことも知っていました。実際、艦船の一部が測量の名目で湾内の奥まで入ると、幕府は恐怖を抱き、ペリーの久里浜上陸を許可し、開国を促す大統領の親書を受け取りました。

黒船来襲の報は瞬く間に日本列島を駆け巡り、全国が大きく揺らぎます。学問のある人たちの間では、幕藩体制でこの大きな国難を乗り切れるのかという不安が生まれます。それが幕府滅亡と明治政府成立の原動力のひとつになったことは間違いありません。それは、この国を一変させる衝撃をはらんでいました。まさに外圧レベルⅢにほかなりません。

このように「鎖国はなかった」説では、黒船来航の与えたインパクトが説明できません。江戸から明治へという、巨大な変化を説明できない理論は、「木を見て森を見ず」と言わざるを得ないでしょう。

? 幕府を滅ぼした「働かないおじさん」問題

本書で取り上げたい最後の問いは、「なぜ江戸幕府は滅びたのか」です。こういうと、その答えはもうすでに出ている、黒船来航のインパクトに幕府が対応できなかったからじゃないのか、と返ってきそうです。

しかし、よく考えてみると、黒船が来た段階では、江戸幕府はまだ国内最強の軍隊と官僚組織を備えていたはず。外圧に対応し、島津などの有力な外様大名とも連携して、乗り切る道もあったはずです。

私は江戸幕府が倒れた本当の要因は、外圧ではなく、家康がつくった幕藩システム、なかでも武士の存在にあったと思います。

武士はもともと全国の在地領主から生まれました。彼らは武装集団であると同時に、農地を経営する生産者でもありました。

室町幕府は、農業より経済重視の政策をとりましたが、応仁の乱を経て、再度、地方の在地武士の時代になりました。そして織田信長、豊臣秀吉というチャンピオンが出てきて日本を統一していきます。信長、秀吉は武士たちを農から切り離し、戦闘に特化した常備軍としました。いわゆる兵農分離です。このために織田軍団は高い動員力を誇り、かつ農繁期でも戦える軍隊となりました。

常備軍の巨大なコスト

家康は、武士による中央集権国家をつくるとともに、在地の武士を城下に集めました。ところが、時代を経るにしたがって、この武士たちが財政的に重荷になってきます。常備軍はとにかくコストがかかります。特に戦争のない間は、基本的に仕事のない男たちを高給で雇い続けなければならないのです。これは幕府だけでなく、それぞれの藩も同様でした。しかもパックス・トクガワーナ、徳川による平和によって、戦争はもうなくなってしまったのです。

私は江戸幕府は、この根本的な矛盾を解決できずに崩壊したと考えています。

それでも、江戸時代は二百五十年以上続きました。それは平和によって、経済的に豊かになっていったからです。その平和を土台のところで支えていたのは、いまや抑止力のみとなった巨大な常備軍＝武士だったのですが、皮肉なことに、平和ゆえに武士の存在意義が失われていったのです。武士の人口は、幕末では全体の七％程度と言われていますが、それだけの人口が基本的には消費するだけの存在となっていきました。

本来ならば、島原の乱以降、本格的な戦争はもうないと分かった段階で、幕府や各藩は大リストラを検討するべきでした。しかし、それがもたらすのは武士の大量失業です。武装し、不満を充満させた戦闘集団が野に放たれるのですから、こんな危険なことはありません。

実は、家康の頃には武士にも貨幣経済と接点を持つ仕事がありました。インフラ整備と新田開発です。実際に工事を行うのは民間に任せたとしても、そのコンサルタントを担当し、税収を増やすことはできる。いわば、今でいうゼネコンの役割です。

江戸の中期以降にも、こうした経済センスをもった武士はいました。たとえば印旛《いんば》沼の干拓事業を手掛けた田沼意次《おきつぐ》です。しかもインフレ誘導政策を行うなど、金融的なセンスもあったのですが、天明の大飢饉に見舞われ、賄賂によって蓄財を行っていたという非難も重なり、失脚します。

米本位制という陥穽《かんせい》

もうひとつ大きな問題は、年貢を米で納めさせる〝米本位制〟をとっていたことでした。各藩は納められた年貢を貨幣に替えるため、大坂などの米相場で米を売らなくてはなりません。ところが、これが大きなリスクでした。米の価格が変動するリスクは、ほとんどの場合、米を必ず売らなければならない藩にのしかかってきたのです。

米と貨幣の交換は、武士たちにとってとても大変だったようです。私は浅野家が藩主をしていた広島藩の史料を見せてもらったことがありますが、米を売りさばくのがうまく、商売上手という評判だった浅野家でさえ、藩の財政は赤字でした。つまり幕府はもちろん他の藩も、米本位制の下では赤字が必至だったということです。

江戸時代の三大改革といえば、八代将軍徳川吉宗が主導した享保の改革、老中の松平定信による寛政の改革、同じく老中の水野忠邦がはじめた天保の改革の三つを指します。その最大のテーマは、江戸幕府の財政立て直しでしたが、その実情は、つきつめて言うなら、いずれも単なる「倹約」でした。

この三つは失敗に終わったと評されています。しかも後期にいくほど、失敗の度合いは増していきました。その理由はこれまで記してきたとおりです。そもそも江戸幕府の財政システム自体が、経済的に破綻するシステムだったからです。

幕末になると、藩単位でさまざまな行財政改革がなされるようになります。長州藩が行ったのは、専売制の緩和などの規制緩和と、越荷《こしに》方《かた》という藩による金融業でした。一方、薩摩藩は琉球との密貿易です。そこで成功を収めた両藩は、雄藩として幕末の主人公となっていきます。いかに経済が重要かを示す一例でしょう。

武士の世の終わり

では、これが本当に最後の問いです。

武士の世はいつ終わったのか？

教科書などでは、一八六七年、最後の将軍徳川慶喜が政権を明治天皇に返上した大政奉還を、ひとつの区切りにしています。幕府から新政府へ。これはこれで間違いではないでしょう。

しかし、江戸から明治への移り変わりをもっと大きなスパンで捉えるなら、その画期となるのは、武士の退場だと考えます。

軍隊の近代化も視野に入り、すでに役割を失っていた武士たちが歴史のメインフィールドから消えるには、まだ少し時間がかかりました。

薩摩の西郷隆盛は新政府による徳川慶喜追討令を受け、江戸幕府を決定的に終わらせるため江戸城総攻撃を強硬に主張しました。総攻撃は結果的に勝海舟との会談を経て回避され、江戸城の無血開城が実現します。一八六九年に戊辰戦争という大きな内戦が終結し、一八七一年には廃藩置県が実施されます。このとき、大きな抵抗もなく藩の消滅が行われたのは、ほとんどの藩が財政破綻していたからです。藩というシステムがもはや持続可能ではないことは、誰の目にも明らかでした。

一八七四年から一八七六年にかけて、佐賀の乱、神風連の乱、秋月の乱、萩の乱といった士族（旧武士階級）の反乱が続発します。これは維新の勝ち組だった薩長土肥のなかでも、さらに勝ち組と負け組に分離したことをあらわすものでもありました。そして、西郷の起こした一八七七年の西南戦争を最後に、武士は最終的に姿を消しました。江戸城は無血開城されましたが、やはり時代が転換するために、多くの血が流れたのです。

そして、これらの反乱と並行するように、秩禄《ちつろく》処分が行われます。これは士族や華族などに与えられていた秩禄（給与）を最終的には全廃する政策でした。武士たちはこれにも抵抗することなく、受け入れていきます。こうして鎌倉幕府の成立から数えると、およそ七百年続いた武士の世は終わっていきました。

あとがき

大学に入って専門的に歴史学を学ぶ。この時、具体的には何をするのかというと、歴史資料、すなわち史料を読みこなす訓練を受けるのです。古文書であったり、古記録（昔の人が書いた日記など）をまずは正しく読めるようにする。これがいわば作業の1です。それから、ゼミの場では、その史料を用いて、そこからどんな歴史事実、すなわち史実を復元できるのかにチャレンジする。作業の2ですね。

史料の使い方、構想力のありよう。ゼミの場では、これを厳しくチェックされます。作業の1ができていないのは、論外です。誤ったデータは論を立てるときの材料になりませんから、当たり前ですね。ついで、史料が活用できなければ、良い評価はもらえません。月並みなことに終始したら新しい史実には到達できない。これも至極当然なことです。

史料を過不足なく活用して、面白い史実につなげる。言うは易く行うは難いことですが、これがうまくいくと、指導して下さっている教員や学友たちに評価してもらえる。するととてもうれしい。なかなか得られぬ良い評価を励みに、より斬新な史実に近づけるように努力しているうちに、あっという間に卒業を迎えます。

さあ、社会に働きかけるときが来た！　歴史学なんて社会の何の役に立つんだ、としばしばお叱りを受けますが、こう書いてみると、答案は自ずと見えてきますね。まず作業1。正しいデータを獲得すべく努力すること。これはどんな仕事をするにせよ、基本になることです。ですから、作業1を学びの中心に据える歴史学は、まあこれは他の学問とも共通することではあるのですが、社会人の根幹を育成する助けになる。

次いで、作業の2。データを駆使して新しい提案をする。これもどんな分野の仕事に従事するにせよ、極めて有用なスキルです。購買層のニーズをくみ取ってこんな商品を開発しようとか、社会の変化にあわせてこんな分野に投資してみようとか。そうした創造的な仕事をするときに、作業の2は基礎的な訓練として役立っているはずです。

いや、ぼくは卒業して社会人になる前に、もう少し机上の勉強を続けたい。そういう人は大学院に進んで、作業の1と作業の2をくり返していく。専門的に史料を扱うようになります。ただここで、往々にして事故が起きる。「専門」ということばは実に耳に心地よい。だから作業の1にのめり込んで、行き先を見失う人が生まれてしまうのですね。はい、私もその一人でした。

古文書はそうでもないのですが、古記録は読解が難しい。とくに貴族の儀式です。中世の貴族の本務は儀式を執り行うことでした。それから当時の日記は、決して秘匿する性質のものではなく、自らの家を継承する子どもや孫に向けて、儀式の詳細を伝えるために書かれていたといっても過言ではありません。ですので古記録の記事の多くは儀式が占めていて、それは私たちの生活とは全く縁の無いものですから、なかなか理解できません。逆に難読の箇所が読み解けたときには、それはうれしい。欲も得もなく、心底うれしい。そのうれしさが圧倒的であるため、こうした作業に没頭しているうちに、自分は何のために古記録を読んでいるのか、ひいては歴史学を学んでいるのか、という問題意識がどこかに行ってしまうのです。はい、私がそうでした。

私の師匠、偉大な中世史家であった石井進先生は、常々「ホラを吹け、大きなホラを吹く練習をせよ」と私たちに言われていました。指導を受けていた当時は良く理解できなかったのですが、先生は「作業2をがんばれ」「作業1に没頭しすぎるのは危険だよ」「歴史学は史料を使いこなせてこその歴史学であって、史料を読んでこと足れりとするのは違うぞ」と仰《おつしや》りたかったのかもしれません。いや、最後のは忖度《そんたく》のしすぎかな。

私も還暦を迎えたいま（それでもしぶとく若手研究者を自称していますが）、ようやく先生の教え、作業2の大切さを痛感しています。作業1に止《とど》まっていては、真の歴史研究者にはなれない。史料を活用しなくては。考えなくては。そう自分を叱咤《しった》しています。

ああ、一つ注意を。いま作業1と作業2を対立するものとして書きましたが、実はそんなことはありません。作業2の基礎に作業1が必要であることは先に書きましたが、面白いもので作業2に正しく挑み続けることによって、作業1が深まるのです。作業2から作業1へのフィードバック。この流れを説明しはじめると長くなりますので、いまは、この作業の有効性は真摯な研究者なら経験的に分かっている、と記すに止めさせて下さい。いや、これは蛇足でしたか。

一つ一つの史料を大切に読んで、史実を復元する。さらに視野を大きく広げて、史実をいろいろに配置したり、史実Aと史実Bのあいだに因果関係を見出していく。こうした作業をくり返していくと、新しい歴史の像、史像の形成に至ります。それに挑戦した成果が本書です。石井先生のことばを借りるなら「大きなホラを吹いてみた」のが本書なのです。さて、新しい史像が提起できているでしょうか。みなさんはどのように読んで下さったでしょうか。心して批判を待ちたいと願っています。

二〇二二年四月吉日

本郷和人

本郷和人（ほんごう　かずと）

1960年、東京都生まれ。東京大学史料編纂所教授。東京大学文学部卒、同大学大学院人文科学研究科博士課程単位取得退学。鎌倉時代を中心とした日本中世史が専門。著書に『日本史のツボ』『北条氏の時代』『承久の乱』『中世朝廷訴訟の研究』『新・中世王権論』『日本史の論点』『世襲の日本史』など多数。

文春新書

1360

日《に》本《ほん》史《し》を疑《うたが》え

2022年5月20日　第1刷発行

著　者　本　郷　和　人
発行者　大　松　芳　男
発行所　株式会社　文　藝　春　秋

〒102-8008　東京都千代田区紀尾井町3-23
電話（03）3265-1211（代表）

印刷所　理　想　社
付物印刷　大　日　本　印　刷
製本所　大　口　製　本

定価はカバーに表示してあります。
万一、落丁・乱丁の場合は小社製作部宛お送り下さい。
送料小社負担でお取替え致します。

ISBN978-4-16-661360-1